元ヤンキーの重度障害者がなぜ起業家に?

車いすの暴れん坊

米倉 仁 *Yonekura Hitoshi*

梓書院

車いすの暴れん坊

米倉　仁

はじめに

いろんな出来事に出会うとき、人はどう生きて行くのか、俺はどう生きて来たのか、そんなことを考える。この半世紀と少し、決して誇れるような人生ではないけれど、俺が生まれてから今日までを、行きつ戻りつしながら振り返り、自叙伝として残しておくことにした。誰かが共感してくれればいい。いや、反感でもいい。笑ってもらってもいい。拙い物語のどこかに気に留まるところがあればと思っている。

俺はこれまであらゆる場において、自ら選び、自ら決定し、結果に自ら責任を持つことを貫いてきた。このことは生きていく上で、とても大切なことだと思っている。親に勧められたからあの学校に行く、そこで挫折すれば親の責任にする。友達に誘われた、だからこうなった。結局は誰かのせいにして、逃げる言い訳にするような奴にもたくさん出会ってきた。もちろん俺も親や家族だけでなく、友人や知人にも多くの心配や迷惑をかけてきた。重ねて言うが、自分で選択し、自分で決定し、自分で責任を取ってきたということだ。もっと楽な順風満帆な生き方もあったのかも知れない。ただ、俺の人生がこうなったのは、運命論なんて信じはしないが必然だったのではないかと思うこともある。その場その場の判断が間違ったこともあったかも知れない。だけど、決して後悔はしていない。自分で決めてきたことだからだ。さあ、つべこべ言ってないで俺の物語を始めよう。

平成28年3月　米倉　仁

目　次

【第2章】車いすになった暴れん坊

【第1章】

博多の暴れん坊

誕生、神童と呼ばれた幼稚園時代

1961年5月14日、父またしろう、母ひろ子の長男として俺は生まれた。幼稚園の頃はご多分に洩れず神童と呼ばれていた。園長からも将来この子は大物になるよと太鼓判を押されていたらしい。カトリック系の幼稚園だったのだが、演劇でもイエス・キリストの役を演じた。まさに神、神童だったというわけだ。当然のことながら、字も読めなかったのだが、それをお袋に言葉で教えてもらって、暗記してセリフを覚えた。卒園式の答辞もお袋からの聞き伝えと、それをテープレコーダーに録音して覚えて発表したように記憶している。

結構な腕白で、いつも泥だんご遊びでボロボロになって帰る毎日だった。小学校でもさらに腕白に拍車をかけて、神童と呼ばれたのが嘘のように勉強をしなくなり、それに生意気さも加勢したものだから、しょっちゅういじめにもあっていた。プロレスごっこと称して、数人に押さえつけられた上、下駄箱から飛び降りられて顔に上靴の跡がついたりしたのを覚えている。

ただ一方的にやられっぱなしというわけでもなかった。負けず嫌いだった俺は、無謀なことにもチャレンジした。小学校２年か３年くらいのとき、半そで半ズボンで１年間通して学校に行くというのを２年間続けたことがある。結局、痩せ我慢なんだが、とにかくやり遂げた。

また、水泳を習っている将来のオリンピック候補といわれる奴がいて、そいつが確か１キロか２キロを泳げたと思うが、俺も長くなら泳げると言って、高々２００メートルではあったが泳ぎ切ったこともあった。もちろん速いわけでも格好いいわけでもなく、クロール、平泳ぎ、背泳ぎ、色々な泳ぎを駆使して、泳ぎきった。今でも覚えているということは、小学生ながらに半端な達成感ではなかったのだろう。

それと、新聞配達を小学校３年から６年まで３年間続けた。自転車で団地を配るのだが、エレベーターのない団地で４階まで上がって降りてくる。西日本新聞で１５０

部ほど配っていた。目的は天体望遠鏡の購入だった。

中学生になって、ちょうどやんちゃを始めた頃、あるグループと衝突になった。そのグループはサッカー部、バスケット部、バレー部などが集まった、10数人のグループだった。俺らがよくつるんで遊んでいたメンバーが4、5人で、その日はたまたまふたりで帰っているときにぶつかった。そのメンバーの友達の従兄の悪口を言ったとか言わないとかで呼び出しを食らった。空き地に呼び出されて、俺の友達は別のひとりとタイマン、俺も別のひとりとタイマンをしたが、全然歯が立たず、一方的にやられた。悔しかった。そのときに本当に強くなりたいと思った。

しかし、中学2年になって転機が訪れた。元々、ゲームセンターに遊びに行くのが好きだったのだが、天神や中洲のゲームセンターに入り浸って、競馬ゲームやコインゲーム、ピンボールに明け暮れる毎日で、その頃、煙草も覚えた。頭はポマードを塗ってリーゼントにした。カールアイロンの鏝《こて》でパーマ風にしてツヤつけて（格好つけて）遊んでいた。川端通りを便所下駄と呼ばれる木の下駄をカランコロンいわせて、中学生のくせに粋がって気持ち良く風を切っていた。そんなとき、福岡で一番悪い中学の連中とも知り合った。小学校、中学校の最初のときの負け戦の反動もあったのだろう。「強い自分」というものに憧れて、アウトローの世界にのめり込んでいったんだと思う。決して、腕力が強いわけではなく、喧嘩はほとんど気合いと根性だった。そうして、高校生になっていったわけだ。

暴連坊の誕生

１９７０年代後半、時代の中心は団塊の世代からしらけ世代に移行しようとしていた。この頃の福岡にも、週末の夜ともなると、愚連隊や暴走族がアクセル全開で走り回っていた。俺たちも、どこか無気力で、行き場のないエネルギーを抱えて天神の街をヤンキーと呼ばれる衣装を身にまとい肩で風を切っていた。俺はその頃からアウトローでいることが心地良かった。

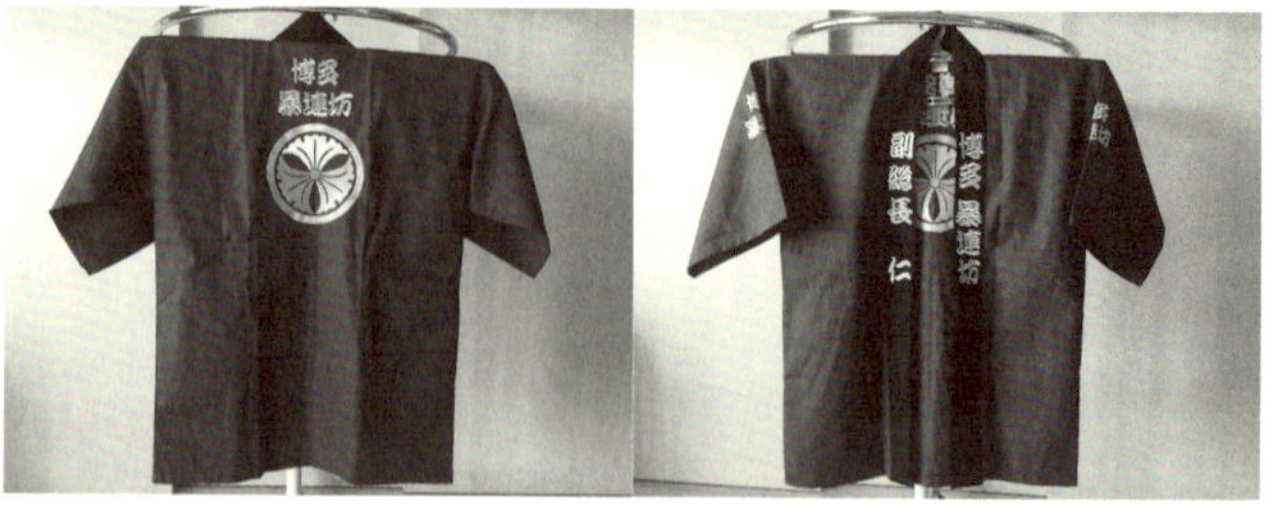

博多暴連坊の法被

でも、そんなことを思っていたのは、俺たちだけじゃなく、当然のようにぶつかり合いがあちこちで起きる。そう、いろんな暴走族のグループから、ガンをつけただのと因縁を吹っかけられるのである。多くは2、3人から声をかけられることが多かったが、時に、漫画の世界のように、こちらはふたりに対して、相手は30人ということもあった。当然、勝てるはずもなく、死に物狂いで逃げる。言葉にならない屈辱に地団駄を踏むこともあった。

そこで考えた。高校、中学のときに仲の良かった悪そうな仲間に声をかけてグループをつくることにしたのだ。いや、グループというより、一定の目的を持ったチームをつくることにしたのだ。思いついたらすぐ実行。まず名前を「博多暴連坊《はかたあばれんぼう》」と命名し、チームカラーをワインレッド、三つ葉銀杏の波紋を代紋とした。ご多分に洩れず、総長、副総長、行動隊長、新鋭隊長など7つの役職を決め、戦闘服も紺の戦闘ズボンにえんじの法被《はっぴ》とした。時代錯誤と笑うかも知れないが、時は今から35年前、昭和の馬鹿者たち、いや若者たちの話なのだ。ちょっと前の子供の遊びはチャンバラで、テレビは水戸黄門あたりが大手を奮っていた時代である。たぶん日本で最初に法被の戦闘服をつくったのは我が「博多暴連坊」だと今でも自負している。背中にはいぶし銀の三つ葉銀杏の刺繍と暴連坊の文字を入れ、衿の部分には肩書と名前を入れた。自分で言うのもなんだけど、格好良かった。そうそう、井の中の蛙、大海を知らないからできたこと。

それから天神の街や学校の連中に声をかけて仲間集めに奔走した。格好いい奴、イケてる奴、気は心でノリのいい奴、呼吸の合う奴と、最終的には確か１００人くらいになった。

イラスト：吉崎ゆみ（イラスト工房 美遊）

我が暴連坊には、いくつかの掟があった。女連れの男に喧嘩を売るな、シンナーや薬は禁止、万引き、たかりも禁止、喧嘩は徒手空拳、つまり道具は使わない。まだいくつかあったような気がするが、随分と昔のことだ。話を続けよう。

その頃の福岡の暴走族には、こんなチームがあった。暴連坊・紫・蠍・ヘルキャット・悪太郎・滅法・涙犯《ルパン》・悟空・アウトサイダー・餓鬼・邪悪（炎支部、零支部、影支部、幻支部、悪支部、罰支部、蛇支部、轟支部、魔支部、殲支部、鬼支部、流支部、涙支部）。そして、久留米が蝮族・外道。久留米もまだいくつかあったが、忘れてしまった。

マクドナルド抗争とサチコ

そう、あれは高校1年の夏。天神の新天町にもマクドナルドができていた。友達数人と女の子数人で涼を求めて集まっては、他愛もないことを話していた。ところが、その他愛もない話が、事の発端になろうとは思いもしなかった。

友達のひとりが、あるグループからカツアゲをされて、それはそれは悔しい思いをしたと話し始めた。今度会ったらタダじゃおかないと言ったとき、不思議なこともあるもので、ふっと顔を上げると、そのカツアゲの話題の登場人物たち、そう、カツアゲをした張本人のグループ数人が、汗を拭きながらエアコンの効いた店内に涼を求めてやって来たではないか。

２階のこのフロアもそれほど広くはない。当然、こちらをチラチラと見ている。普通ならバツが悪い程度で目を反らすくらいで済むのだろうが、こちらも話を聞いてムカついていて、今度会ったら任せとけみたいな感じになったばかりの頃合いだから、いきなりガンのつけ合いから一触即発の状態へと沸騰する。案の定、厳ついのが向こうから鼻息も荒く歩み寄ってきた。

「お前ら、なにガンつけよっとや、なにか文句があるとや」

すかさず俺は言い放った。

「お前ら、こいつからカツアゲしとろうが、ちゃんと金返せや」

「なにぃ、お前ら、1階に降りれ、付いて来い」

相手の人数は6人くらい、こっちは3人だった。さすがに人数的に分が悪いと思ったが、女の子の手前もあって格好をつけた。相手に向かって、

「今、楽しみようけん、先に降りときやい」

と言ってしまった。まあそうすれば時間が経ったら熱も冷めて、相手は帰るのではと思っていたら、10分くらい経った頃、期待に反して、また上がって来やがった。

「下で待っちょるけど、降りてこんとや」

というではないか。もうこうなると引くに引けない。マクドナルドを出るなり、地下のファーボ（地下街）に降りて来いという相手に向かって、

「お前、誰に言いよるか分かっとうとや、博多暴連坊ぞ」

と、啖呵を切った。相手は、きょとんとした顔をしている。そらそうだよ、まだ売出したばかりで、ほとんど誰も知らない業界駆け出しのグループ暴連坊だった。ただどうしたことだろう。迫力に負けたのか、ちょっとビビっているのが表情の変化で見て取れた。ここで躊躇してはいけない。間髪を入れず、

「お前ら、こいつから巻き上げた金、ちゃんと返しとけよ。お前らの顔、忘れんけんな」

と、そう言うと、相手は６人もいるのに逃げるようにして帰って行った。

痛快だったね。そいつらが帰った後、よそで遊んでいた仲間が応援に駆けつけて来て、どげんなったとやと聞いて来る。まあ、斯く斯く云々だと経緯を説明すると、おうそうや、ほな良かったねということで一件落着。こうしてまたひとつ武勇伝が増えていくわけだ。

それから何週間経っただろうか。天神を男４人と女２人でうろちょろしていると、この前、マクドナルドで喧嘩した相手のひとりが入っているグループと出くわした。後で分かったことだが、福岡でも結構ワルの多い学校で、相手はそこの２年だった。そして、その同級生らしき、この前いたメンバーとは違う連中が３人、数的には４対４だが、学年はひとつ上。高校生というのは１学年違うと、もうそれは大変な差があるわけだが、同じ学校でもないし関係ない。

こちらは女連れ、万が一負けたときに、女に危害が及ぶとたまったものじゃない。女を帰そうとするがなかなか帰らず、後ろからトボトボついてくる。少し経って、女の方も心細くなったのか、なんとか帰ってくれた。それで天神のビルとビルの間の公園に着いて、さて1対1のタイマン勝負となった。

向こうから、

「誰が出て来るとや、一番強い奴は。そこのひょろっとしたお前、出て来いや」

と俺が指差された。そして殴り合いが始まった。何発か殴り合ったところで、相手が倒れ、馬乗りになって2、3発どついたら、もう相手は交戦不能。そこで止めが入り、1回戦終了。次の奴らの順番かと思いきや、勝ち抜き戦だという。それでも仕方なく次の奴と取っ組み合っているところに、ビルから見ていたサラリーマンあたりが警察に通報したのか、警察が走ってやって来た。喧嘩している相手の4人は、素早く逃げたけど、俺たち4人は逃げ遅れて、警察に捕まった。

「お前ら、なにしとったとや」

と尋問され、学生服のポケットには煙草も入っとるし、ヤバイなと思いながら、

「喧嘩売られたんで買いました」

と応えた。すると、

「おおそうか、お前ら勝ったんか負けたんか」

「はい一応、勝ちました」

「まあ、そんならお前ら、恨みつらみはないんやな」

「はい、ありません」

「よし、ほんなら今日は帰っていい」

と、こんなやり取り。その警官も度量がいいというか、男前というか。そうして俺たちは、身体検査もされることなく難を逃れた。そして帰っている途中、さっき帰した彼女たちが待っていてくれたようで合流した。男が上がった瞬間だったかも知れない。その後、そのままいつものたまり場の喫茶店に行って、レモンスカッシュをオーダーした。


ところで、俺はその頃、隣の看護学校に通うサチコという名前の女と付き合っていた。ちょっとそばかすのある美人だった。その頃、何人かから付き合ってと言い寄られていたのだが、言い寄る女たちを尻目に、俺はサチコに一目惚れして付き合うようになった。

　サチコは産婦人科でアルバイトをしながら、そこで寝泊りして学校に通っていた。夜な夜な、そこに遊びに行ったりもしていたのだが、同級生が3人いて、ひとりは年上のハコスカに乗った兄ちゃんと付き合っていた。もうひとりは、俺の中学のときの同級生と付き合っていた。ところが、その中学の同級生が遊びに行っているのが見つかり、それが原因で奴の彼女は高校を退学になってしまった。

　それで、サチコも心配になった様子で、このまま仁ちゃんと付き合っていると、遊びに来るなとも言えないし、退学になるのが怖い。でも私は看護師になりたい。だから別れてくれという。じゃあ、そんなに病院に遊びに行ったりしなきゃいいんじゃないかと、随分と言ったのだが、聞き入れてもらえなかった。

　そして、その代わり高校を卒業するまで誰とも付き合わないと、女だてらに仁義を通すような一方的な約束事も言った。もしかすると別れるいい口実だったのかも知れないなと、そのときは思った。しかし、高校卒業前に電話がかかってきて、その約束を果たしたという。そして、もう一度会うということになったのだが、どうにも予定

当時の車スカイライン通称ハコスカ（Special thanks 悪友 深見眞人氏）

当時の車サバンナＲＸ３（Special thanks 悪友 深見眞人氏）

が合わず会えず仕舞いになった。きっと縁がなかったのだろう。

その日はむしゃくしゃしながら、なんで好き同士なのに別れなきゃいけないのか、釈然としない思いを「雨よ洗い流しておくれ」と願いながら帰った。

喧嘩の連鎖とナンパ修行

そんなことがあったすぐ後のこと。学校帰りに、この前公園で喧嘩した奴らとばったり会ってしまう。学校も結構近くにあったものだから、帰り道、そこの学校の生徒とよくすれ違ってはいたけれど、まさかそいつらとこんなところで出くわすとは思ってもいなかった。そのときはひとりで帰っていて、その学校の連中4、5人に取り囲まれて、空き地に呼び出された。

もう覚悟するしかなかった。さすがに1対5でやれば、ボコボコにされるなと。それも人が集まって来る中で、商業で番はっとる奴とか、工業で番はっとる奴、あいつらも連れて来いとか言い始めて、うわー最悪や、もうこれで俺も終わったかと思い諦めた頃、相手が、

「お前はどこの高校か」

と、聞いてきた。

「俺は博多工業や」

「博多工業か、何年生や」

「1年たい」

「1年、お前本当に1年か」

「ああそうや」

と、言い返す。どうも俺と喧嘩したのは2年だったけど、後の3人は3年らしく、

「お前、ほんなごと1年か」

「1年や」

「おー分かった、ほんなら帰ってよか」

「なんでや」

「お前が３年やと思っていたから俺らも、ちょっと絞めちゃらんといかんと思っていたけど、３年が1年いたぶってもしょうがなかろうが」

という結末である。あの先輩も格好良かった。奴らは後でこっぴどく先輩たちに絞められたらしい。

「お前1年坊主に負けてから、なんで俺らに声かけて仕返ししようやら思うんか。お前の根性をたたき直すぞ、こらっ」

と言われよった。結局、カツアゲされた相手と友達になったことで、その後３回も喧嘩をする羽目になった。まあこういうことが日常茶飯事なのが、あの頃のヤンキー高校生の生態だ。

そうそう俺にマクドナルドを紹介してくれた奴のことにも触れておこう。奴は中学の同級生で、中学のときから、ナンパのテクニックには長けていた。学校は私立の良い学校に入ったのだが、真面目に勉強するタイプではなかった。45度のメガネをかけて、ビーバップハイスクールでいうと、北高の前川、イメージ的にはそんな感じだ。

それで、たまに会うと、

「仁、天神のマクドナルドに来いや。女いっぱいおるし」

「行ってなんするとや」

「バカ、良い子おったらナンパして付き合うんや」

その頃、まだ俺はナンパをしたこともなく、でも女性に興味がないこともないわけで、当然、誘われるがままに、ときどき遊びに行くようになった。女とあまりしゃべり慣れていなく、ぼーっとしていることが多かった。でも逆にそれがクールに見えたらしく、そこそこに人気があった。

人間とは不思議なもので、毎日そういう具合に、大勢の女の中で囲まれて、キャーキャーしゃべっている間に、段々と女と話すことにも慣れてくる。そして、いよいよ友達とお互いに初めてナンパというものを経験するわけである。

バギーのパンツに白のエナメルのシューズ、オープンシャツを着て、頭はリーゼントでキメて、ふたりで天神の地下街で待ち合わせる。あの頃のヤンキー女子は、大概が軽い茶髪に百恵（山口百恵）ちゃんカットだった。そうして、ふたりのヤンキー女子を発見。友達とふたりでトボトボと後ろから付いて行く。声をかけるタイミングを狙っているのだ。女たちも俺たちが付いて来ているのは分かっていて、チラチラとこちらを見ている。でもなかなか、

「彼女、お茶飲みに行かない」

この一言が言えない。1時間も付け回しただろうか。すると、シビレを切らした彼女たちのほうから、

「あんたら私たちを引っかけようと思うとるんやろ、どこに行きたいん」

「はっ、あの、喫茶店でも」

「どっかいい喫茶店知ってる?」

「いつも行くところがあるけん、そこに行こうや」

と言って、新天町の外れにある「その」という喫茶店に行く。しかし、若葉マークのナンパ師は、既に彼女らに主導権を取られていることにも気付かないまま喫茶店に入るのであった。この「その」という喫茶店がまた面白い喫茶店で、1階でオーダーを取って、1階と2階で飲んだり食べたりできる。2階はほとんど店員も登って来な

博多暴連坊のメンバー

い。注文したものだけは持って来る。学生服で煙草は吸えるし、当然、溜まり場となる。朝から５、６人集まって、交代でナンパに出かける。コーラ１杯で夕方までいることもあった。

まだ当時は携帯、ポケベルもない時代、アドレス帳に電話番号を書いてもらって、うきうきしながら別れる。ただこれからが大変、この電話をするという行為、これが結構、根性を試される。先方は両親と一緒に住んでるのは当り前で、運悪く父親が出たら、間違いなくブチっと切られるし、母親でもどういう関係か根掘り葉掘り聞かれるのがオチだ。

ただ、当時は連絡の取りようがそれしかないので仕方がない。意を決して電話をかけると、

「はい、〇〇警察署ですけれども」

と。やられた。ナンパ一発目はおまわりさんと愛を語ることにはならなかったが、あえなく撃沈ということになってしまった。

ピンクのスカジャン二人組

ナンパにもだいぶ慣れていた頃だった。天神を友達とぶらぶらしていると、ピンクのスタジャンを着た一人組、髪型は百恵ちゃんカット、もう後ろから見るだけで美人だと分かるような気配、きっとルックスも可愛いはず。ときどき外すことはあるんだが、まあ間違いはないだろう。5分くらい追って行って、チャンス到来。

「ねえ、彼女たちお茶飲みに行かない」

と声をかけ、彼女たちが振りむいた瞬間、我が目を疑った。なんと中学のときの同級生の二人組、それもアイドルの呼び声高い二人組だった。俺の友達はそんなこと知らないから、すごい乗り気でいろいろ声をかけるんだけど、俺はもう恥ずかしさ一杯で、ダッシュで逃げた。こんな気まずい経験は初めてだった。

ローカルな話題をもうひとつ。福岡女子という高校に、山口百恵に似た超美人がいた。もうヤンキーの間でも一般高校生の間でも、愛称は百恵ちゃん。いつも見とれていた。女友達の友達だったので、ときどき遊びに行くのだが、話すことはできてもなかなか告白することはできなかった。結局、あれだけナンパには慣れていても、その彼女に告白することはできなかったな。

それともうひとり。この子も美人だった。この子は高校の同級生で、工業高校だったのだが、同級生に5人の女の子がいた。建築科にひとり、印刷科にひとり、インテリア科に3人、そのインテリア科のひとりだが、もう見るからに天使。あの頃ちょうどアグネスラムが大流行りで、もう彼女に顔がそっくり、見るだけで癒されていた。

しかし、彼女は残念ながら先輩の彼女。ああ、あれが先輩の彼女じゃなかったら、告白したんだろうか。彼女は後にその先輩と結婚した。なんともうらやましい。

ビーバップハイスクール

俺たちの高校生時代は、ビーバップハイスクールのモデルとなった年代にとても近いらしい。作者が福岡市で同世代、たぶん数年違い、もしかしたらガチかも知れない。どうりでビーバップハイスクールのキャラクターが友達に似ているなと思ったものだ。ナンパに長けてる北高の前川、みのる君、きくりんなど。

福岡でも悪かった高校は、筑紫工業、福岡第一、水産高校、九州産業大学付属高校、橘高校、農業高校も悪かったな。俺らが通っていた博多工業は、生徒の70%ぐらいは煙草を吸っていたと思うが、そんなにとんでもなく悪いという高校ではない。とても秩序がとれた楽しい高校でもあった。まあ、たまには他の高校と喧嘩することもあるが、学校を上げて団体ですることはなかった。

俺は筑紫線という当時の国鉄で、小笹から高宮という駅まで乗って、高宮からバスで学校まで通っていた。そのバスの中でいつもガンの飛ばし合いになる高校生たちがいた。いつも、先にバスに乗っているのをいいことに太々しい態度を取っていた。むしゃくしゃしたので、バス停で一緒になる奴らと申し合わせて、4、5人でバスの中に乗り込んだ。ちょうどその頃、俺は学校の先生に、ぺったんこにしてワインレッドのスプレーで塗った暴連坊仕様の鞄を取り上げられ、

「お前、明日から風呂敷で学校に来い」

と言われ、くそっこの野郎、俺が風呂敷で学校に来れんとでも思っているのかと見返すつもりで、風呂敷で学校に

博多工業高校の悪友

通っていたのだが、その風呂敷をバスの後ろでふんぞり返っている奴らに叩きつけてやった。いきなりだったから、相手もびっくりしただろう。そこには番長格の奴らも乗っていて、ひとりずつ襟首を締めあげた。

「お前やろ、いつもガンつけよんのは」

と、順番に問い詰めて行った。すると、最後の番長格の奴が、

「俺はもうすぐ卒業や、警察官になろうと思っとる、だけん喧嘩ができん」

と言ったのだ。なんか格好良かった。警察官になるために喧嘩をしない。これも男だなと思った。そして俺らは自分たちのバス停近くになって、運転手に頼んで降ろしてもらった。ただし、こういうことはまれで、基本的には俺らは自分からは喧嘩は売らない。売って来るまでガンをつけて待つ。それで来なければ俺らが勝ったと思うルールにしていた。それはなぜかと言えば、売ったか売られたかで、警察に捕まったときに大

高校時代の俺

きく影響するからだ。それと無用な喧嘩はしたくなかった。

ＪＲ筑肥線抗争

高校2年の秋、違う学校のひとつ下の中学の後輩から、夜、電話がかかって来た。

「先輩、筑紫線で学校に行きますよね」

「おう、いつも行ってるよ」

「実は筑紫線の中でいつもガンをつける奴がいるんです。でもそこの学校の生徒がその筑紫線の中にたくさん乗っているんで、自分たちふたりだけではどうしようもないんです。先輩、付き合ってくれませんか」

後輩からの頼みとあらば、聞き流すわけにもいかない。すぐに人員確保に動いた。

その頃、その列車で学校に行くのは、その駅からは、俺と中学のときの同級生がひとり、

博多暴連坊のメンバーと俺

後は他の駅から乗って来る同級生や先輩が数人。うちの地区で一番悪かった先輩、ひとつ上だが、高校も途中で退学になって、ペンキ屋かなにかをしていた。やたら喧嘩が強い先輩もいた。その先輩にも頼んで、総勢5人で、当時の国鉄の筑肥線小笹駅で待ち構えることになった。列車がホームに滑り込んでドアが開くや否や、その後輩が目ざとく見つけて「こいつや」と駆け寄った。相手も何事かは言わずもがなで、列車から降りて、さあ、いきなり駅のホームで殴り合いの喧嘩、となりそうなところだが、とりあえず再び列車に乗って、高宮駅というところで降りることにした。こういう暗黙の申し合わせはお互いに阿吽の呼吸というか、ちゃんとできてしまう。

　さて高宮駅に降りてみると、この筑紫線で通う生徒がその学校は多く、既に40人くらい集まっていた。俺らは５人。このままではどう考えても、ボコボコにやられるのは目に見えている。でも、そこでやはり不良同士のルールがあるわけだ。タイマンと言い、本人同士が１対１で喧嘩して決着をつけるというやり方だ。その後輩が言うのには、たぶん２年生だと言っていたが、実は知ってる奴がいて、聞くと相手は３年生だった。結局１年生と３年生の喧嘩になるわけだ。本人たちは１対１と、俺らの先輩と相手もひとり、強そうなのが立ち合うということで、後は皆、大げさになってはいけないというなんとも非常識なシチュエーションの中で良識ある判断をして、学校で待機しておくことになった。

　それで闘いの結果は、後日聞いた話では、うちの後輩が相手をコテンパンにやっつけたらしい。もしあのとき、40対５で喧嘩していれば、絶対に俺たちは袋叩きにあっていた。ただ、先にも書いたが、あの頃のヤンキーには暗黙のルール、言いかえれば紳士協定とも呼べるルールが存在していた。基本タイマン勝負、道具は使わない。結局、これで鉄パイプを使ったり、竹刀を使ったり、チェーンを使ったり、ナイフを使ったり、鉄砲を使ったりすれば、それは単なる殺し合いでしかないわけで、喧嘩にもルールがあったからこそ、大きな事件にはほとんどなってないんだと思う。ほとんどと言ったのは、中には打ちどころが悪く、事故になったケースもあったからだ。ただ、それは本当に稀なことで、大体は優勢になった時点で、誰かが止めに入りそこで決着が着くのが常だった。

先輩たちに恵まれた規格外の高校生活

高校1年の冬、夕食の食材に豆腐と揚げの買い物をお袋から頼まれて、ママチャリでスーパーに向かって走っていた。この寒いのに買い物なんか頼みやがってと、むしゃくしゃしながら家路を急いでいると、道の向こう側を二人乗りしたアンちゃんが、アポロキャップを被って、こっちにガンをつけている。あんなしゃばい格好してなにもんやと思いながら、平行して走っていると、道路をこっち側にわたって来た。

「おい兄ちゃん、お前、このへんのもんか」

「おう、このへんや」

「お前このへんで誰か知っとる奴でもおるんか」

ちょうどこの先に、暴走族の頭の紅（仮名）の総長の家があることを知っていた。普段から可愛がってくれているんで、まあこの時間やったらおるやろうと思いながら、

「紅の福山（仮名）君なら知っとるけど」と、

「お前なあ、紅の福山とか知っとてもな、話にならんたい。付いて来いこら」

なんやこいつ、しゃばいくせに付いて来いやら。福山君とこ行ったら、こいつコテンパンにやられるぜ、と思いながら、一緒に福山君のところに行った。福山君もたまたま家にいた。イケてないこのアポロキャップ野郎が、

「おい福山、お前、こいつ知っとうとや」

「おう知っとうよ」

「こいつね、俺にガンつけてきたんぞ。お前、どういう教育しとうとや」

「え、そうなん。こら仁、お前、こん人誰か分かっとるんか」

「いや俺、知りません」

「おいお前、来いこら」

「アウトブレイク（仮名）の吉良（仮名）さんぞ」

「え、アウトブレイクの吉良さんですか」

「それは知らんこととはいえ、失礼しました」

「びっくりするな、お前」

「俺がいくら可愛い格好しとるからいうて、俺も久々にガンつけられた」

知らないことが幸いした出来事だった。アウトブレイクの吉良さんは、なにを気にいってくれたのか分からないけれど、それからもよく、会うと煙草をくれたり、ジュースをおごってくれたり、よく可愛がってくれた。俺は汽車通いで、筑肥線で小笹駅から高宮駅まで行くのだが、高宮駅でよくアウトブレイクがたむろしていて、よく戦闘服に警棒を持って立っていた。吉良さんは、そんな福岡でも伝説の暴走族のリーダーだった。俺はなぜか知らないが、人に恵まれていた。

今まで話してきた喧嘩の話でも、一歩間違えばボコボコにされて、それこそ不良、ヤンキーの世界から追放されてもおかしくないような喧嘩に発展したかも知れない。けれど、その度になぜか可愛がってくれる先輩たちに恵まれ、お陰で真面目な学生生活で終わることなく、思い出多き規格外の高校生活を満喫できた。

テキヤでビジネスの基本を学ぶ

それともうひとつ話しておきたいことがある。それは暴連坊のリーダー、総長勝也のことだ。勝也はその頃、ほんまもんのテキヤ、要はヤクザ屋さんが営んでいるテキヤのアルバイトをしていた。テキヤというものがどういうものか、高校1年のときなので、最初はよく分かっていなかった。露店でちょっと厳つい兄ちゃんがたこ焼き売ったり、鯛焼き売ったり、トウモロコシ売ったり、リンゴ飴を売ったりするのが、テキヤという商売だということ程度には知っていた。

箱崎に事務所があって、面白いアルバイトがあるからせんかと勝也に声をかけられ、俺と友達何人かでそこにアルバイトに行くことになった。行って初めて気付いたことだが、仕切っているのは、ほんまもんのヤクザであり、それも日本最大級のヤクザ組織が仕切っていたのだった。志賀島や海の中道、貝塚の公園などに露店を構え、車で店まで送ってもらい、露店をひとりで組み立てて、販売の用意をし、ひとりで揚げて、ひとりで売って、夕方、迎えに来るまでに片付けをする。夏休み、冬休み、春休みと、時間の空いているときは、ひたすらそれをやった。たまには県外に付いて行ったりすることもあった。

大きい祭りでいうと、福岡の三大まつり、放生会《ほうじょうや》*、山笠、どんたくなどでも店を構える。1店舗で10万円も売上が上がることもある。高校1年のアルバイトとはいえ、その店の中では段取りや、どうやったら早くつくれるか、どうやったら早くお客さんをさばけるかを自分で考えた。たくさん売上があるとほめられ認められた。これが楽

＊通常「ほうじょうえ」と読むが、福岡の筥崎宮では「ほうじょうや」と呼ばれている。

しかった。

　親分は白のキャデラックリンカーンに乗り、ときどき俺らバイトを連れて、飯を食いに連れて行ってくれる。親分の好物は、ちゃんぽんライス。つまり、ちゃんぽんと白飯だ。どこに行っても白のキャデラックで乗り付けて、ちゃんぽんと飯を注文する。「お前ら好きなものを食え」と言われても、親分がちゃんぽんと飯しか頼まないのに、自分らが本当は食べたいステーキとか、かつ丼とかを注文するわけにもいかない。結局、いつも親分と食べに行くときは、ちゃんぽんライスになってしまう。それでも旨かった。親分には小学校３年の娘がいて、「仁ちゃん仁ちゃん」と良く懐かれて、親分から、もちろん冗談だが、「仁、お前、俺の後を継ぐか」と言われたこともある。「いや滅相もございません」と笑いながら断ったが、同時に背筋を冷や汗が流れるような緊張感を味わったことも覚えている。

　まあそれでもアルバイトというのは気楽なものだった。ただ中に入って見てみると、いろんなヤクザ社会の構図も見えてくる。ある組ではヤクザの息子というだけで威張っていて、仕事もできないくせに、自分の失敗は弟分の責任にする。理不尽なわがままで弟分をいじめる。親分はキャデラックリンカーンだが、頭はガン垂れのクラウンだったりする。結局、ヤクザ社会も親分にならなきゃ意味がない。東映や日活の映画で、菅原文太や高倉健、小林旭という世界を観て、ある意味ヤクザの世界に憧れ、義理人情に憧れた世代であっただけに、現実を知らされて淡い期待を裏切られた。どうせなるなら違う道でトップをとろうと静かに心を熱くした。そういう意味では、この高校生のアルバイト、このテキヤのアルバイトがビジネスを学ぶ最初のきっかけにもなったし、裏社会を知るいい機会にもなった。

テキヤの親分はよくこう言っていた。

「俺らは極道だけど、まっとうな品物を販売してまっとうに対価を得る、そういう商売をしている」

そして口癖は、

「頭がある者は頭を使え、頭のない者は身体を使え。頭も身体もない者は静かに去れ」

と、ほとんど口癖のように事あるごとに話していた。

あるときこんなことがあった。放生会のときに販売されるチャンポンというガラスでできたおもちゃがある。吹くとチャンポンという音がして、中に絵が描いてある。これに絵付けをして、テキヤで販売するのだ。ある組員がそれを任かされていたのだが、ちょうど俺たちがバイトでいるときに親分が入って来て、その組員に尋ねた。

「山本（仮名）、チャンポンはちゃんと仕上がっているか」

「はい、できていると思います」

この「できていると思います」が悪かった。親分が火が着いたように怒りだした。

「こら山本お前、できていると思いますちゃ何事じゃ。ちゃんと自分で検品せんか。そして、答えるときはできていますじゃ。お前そんなことじゃけぇ、いつまでも上に上がれんのじゃ。こら男同士の勝負や、チャカ持って来い」

背筋がぞっとするのを覚えた。でも、これが仕事に対する厳しさだと思った。できていると思いますではなくて、できていると答えなくてはいけなかったのだ。こういう経験というのは、頭で分かる域を越えて、俺の身体の芯に刻まれていったものだと、今になって思うことがある。

ディスコ

高校1年の頃から大神や中洲にあるディスコによく通った。踊りが得意というわけではない。ディスコでナンパするのが目的だった。踊りながらテーブルで声をかけたりして、チークタイムのときに踊る女の子を探す。なるべく自分の好みの可愛い子を探してチークを踊る。そして電話番号をゲットする。よく友達4、5人と行ったものだ。

覚えている店の名前は、VO、カルチェラタン、ラジオシティー、虹の館、後はちょっと思い出せない。ラジオシティーは服装にうるさかった。リーゼントや白いエナメル、要はヤンキーの格好ではまず入れない。だから入るときは、大人しい服装で、髪は横分けにして入る。だからあまりラジオシティーには行かなかった。一番多く行っていたのは虹の館。これは同級生の親父さんがしている店で、パジャマでも入れた。

ちょうどサタデーナイトフィーバーやアバ、アラベスクなどのディスコミュージックがよくかかっていた。70年代のディスコナンバーだ。

高校2年の冬、その日も飲んで騒いで、表通りに出てみると、向こうからぞろぞろと30人くらい、いかにも悪そうな連中が、こちらに向いて歩いて来る。どっかのチームだろうと思ってシカトしていると、その中のひとりが近寄って来た。

「お前らどこのもんか」

「博多暴連坊たい」

「博多暴連坊、知らんな」

「このへん邪悪《じゃあく》は来とらんとか、邪悪は。皆、来とらんのやね」

そう言うと、来た道を戻って行った。俺たちはディスコにスーツに山高帽という格好で来ていたので、たぶん舐められたんだろうが、それでもなにかあると思って、天神の表通り50メーター道路のところに行ってみると、改造車がいっぱい止まっている。邪悪が走りに来ていると思った。その中に知った顔がいたので、

「うしろに蝮《マムシ》が来とるけど、お前らこんだけ邪悪が出て来とるなら、やればいいやん

か」

とケツを煽ってみたものの、

「バカお前、こいつら皆、蝮ぞ」

結局、蝮が邪悪を見つけに久留米から遠征に来ていたようだ。その頃、邪悪が1500人とか、蝮が1000人とか言われていた。邪悪は福岡の暴走族の連合体で、確か12とか13支部あって、それに対して蝮は久留米を中心とした暴走族でよく衝突していた。

ツーリング

久留米市にある高良山という山に走りに行くことになった。まあツーリングみたいなもので、バイクが10数台に車1台。ノリでつくったチームなので、バイクの台数が足りない。そこで前日に他のグループの知り合いに電話して、ちょっと走りに行くんで、遊びに来いよと誘い、大濠公園に集まって、それから久留米の高良山を目差す。ところが大濠公園に集まってみると、ふたりほど乗れない奴がいる。そいつらけ途中で車かバイクをナンパして、高良山に行くことになった。なんとも面白い。

高良山に向かって走っていると途中で事故が起きた。俺の横を人が宙を舞うように飛んで行った。道路にちょこんと着地して座っているのだが動けない。どうも足を骨折したようだ。ズボンから血が滲んでいる。救急車に電話して到着するのを待つ。皆、法被を着ているもんだから、このままじゃヤバイよねということで、法被をまとめて車のトランクに押し込んだ。間もなく、救急車と警察が来て、俺らは救急車について、何人かが病院に行った。残った連中はどうも警察に呼ばれたらしい。ところがやっぱり見ている奴がいる。こいつら、揃いの法被を着て走っていた、暴走族だとも言ったんだろう。病院の後に鳥栖警察署に行ってみると、皆、法被の「暴連坊」の文字の上に縫い付けてあった「私設警察」という文字をカッターで外していた。警察にしてみればそうだよね。私設警察、私が設立した警察なんて、勝手に刺繍するなということ

人気のあったHONDA CB400FOUR（Special thanks 悪友 深見眞人氏）

当時のバイクたち（Special thanks 悪友 深見眞人氏）

だ。まあ顔写真なんかを撮られて、それでも交通法規を犯したわけでもなかったから、簡単な聞き取り程度で帰してもらえた。

バイクの後ろに乗っていて吹っ飛んだ奴は、脛を複雑骨折していて、３か月の入院となっていた。何度か見舞いに行ったが、奴はちゃっかりと看護師さんのナンパに成功していた。この走りというかツーリング、台数が足らずに残ったふたりが天神でヤンキー車をナンパして、結局、高良山の目的地に着いたのは、そのふたりだけだったというオチになった。

自衛隊入隊

工業高校に進んだのは、小学校、中学校と勉強をしなかったので、まあ選ぶ選択肢がそんなになかったというのと、一番、就職がしやすいのが工業だという中学のときの教師の勧めもあったからだ。

ところが小学校からの夢が、社長になりたいという夢だった。なぜかというと、俺のお袋の親父、まあお爺さんという人が一代で会社を築いた人で、4人の息子全員に会社を渡していた。もちろんすべての会社が羽振りが良いというわけではなかったが、子供の頃は、里帰りすると、お年玉もたくさんくれたし、いい家に住んでいたし、いい車にも乗っていた。俺もいつか社長になろうと思わせてくれるには十分な生活振りだった。それなのに工業高校に入るものだから、3年間、工業志向の勉強をしたにも関わらず、身に付けたのはテキヤで学んだ経験と明け暮れた喧嘩で付いた度胸くらいのもの。しかし、やっぱり気持ちは商業志向。そう、商売がしたい。たまらなく商売がしたいのだ。それで紳士服のセールスの会社とか、コカ・コーラとかいろんな会社の営業を受けたのだが、まあ頭も悪かったし、工業高校も商業高校もその違いのなんたるかも知らないような奴が受かるはずもなく全滅で、結局のところ滑り止めで受けた自衛隊に行くことになった。あの頃、自衛隊の広報官が言うには、自衛隊に入ればテキスト代6千円だけで大型免許が取れるとのことだった。それが営業トークだったとも知らず、まんまと口車に乗せられて、それなら自衛隊に入って2年くらいいて、その大型免許を持ってから他に就職してもいいなと軽い気持ちで入隊した。正式には福岡県春日市第四師団十九連隊、そこの中で新隊員教育の前期と後期を受けることになった。

けれど入ってみると、免許は勤続6年くらいないと取れないという。自衛隊に入って来る奴というのは、あちこちでやんちゃしていて行くとこがない奴や、自衛隊で上に上がっていこうとする奴、後はどこにも行くところがないような奴、そういう奴らで構成されていた。今はなかなか難しいが、俺らの頃はある意味、警察沙汰を起こしてなければ、入れるようなところだった。

新隊員教育の頃は、ソフトボールをやったり、マラソンをやったり、体力をつけることが基本となっていたが、こんなことして給料をもらっていいのかと思うほど、新鮮で楽しかった。朝の6時に起きて戦闘服を着て、宿舎の前に並び点呼。これも起床のラッパが鳴ってから起きるまでの時間というのは、そんなに時間はない。それからマラソンをし、体力を付けるための訓練や作業にとりかかる。夕方は先輩の半長靴（戦闘ブーツ）を磨かされる。もう年齢なんて関係ない、完全階級社会。同じ階級であれば一日でも早く入隊した者が勝ち、そういう世界だ。その中で新隊員教育が半年、前半と後半で3か月ずつあって、新隊員教育が終わるまでに20名くらい辞めたり逃げて帰ったりした。

まだあの頃は国会議員の力が強かったり、親父が自衛官とか、コネがしっかり通る時代だった。俺らが同じ高校の同級生とか、グループの仲間とかで10人くらい入隊したけど、そのうちのひとりは親父が自衛官で輸送隊、もうひとりも親父が自衛官で戦車大隊、もうひとりが国会議員の知り合いがいて偵察部隊、この3人だけがこういった特殊部隊に入れて、後は小火器部隊（小銃歩兵）であるとか、施設部隊であるとか、普通の部隊の配属となった。輸送隊とか戦車大隊とか偵察隊とかは早い時期から、車の免許が新隊員後半で取れたけれど、他の一般の職務の人間はやっぱり6年くらいいないと免許は取れなかった。

自衛隊が面白かったのは、あの頃の時代背景もあったのだろうけど、学生服で試験を受けに行っているのに、教官からお前らの中で煙草を吸う奴はこれで吸えといって、煙缶と書かれた赤い缶々に水が入っていて、そこで吸うように言われた。高校生で制服を着て試験を受けに来ているにも関わらずだ。まあそういう時代だったんだろう。それで自衛隊に配属になったら煙草を吸っても酒を飲んでもなにも言われない。まだ18なのに、今はそんなことはないと思うが、あの頃はそういう時代だった。やんちゃな連中がいっぱい入っているので、喧嘩とかもいろいろあった。

自衛隊の中というのは、街の縮図のようなもので、とにかくなんでも揃っている。床屋も喫茶店も食堂も、ちょっとしたスーパーみたいなＤＸといって、洋服からジュース菓子までいろんな買い物ができるところ、ビリヤード場もあった。自衛隊の規則の中で、有事や災害派遣を考慮して、３分の１はいつでも動ける態勢を整えておかないといけないので、基本的には駐屯地の中に３分の１は残っていることになる。そこで外出できない隊員が余暇を楽しむ方法として、隊内クラブといって、酒を飲む居酒屋みたいなところもあり、そこはツケでも酒が飲める。先輩後輩入り乱れて飲んで、俺らは入ったばかりの新兵なので、本当は隅っこで小さくなって飲んでいるべきなんだが、18歳から上は25歳くらいの人間がいるわけで、酒を飲んで騒いでいれば、当然、先輩自衛官からドヤされたり、こなされたりする。中でも俺は18歳で高校を卒業してすぐの入隊、ほとんどが年上だったけど、大学を卒業して入った連中というのは、19歳の人間が自分の上司、上官だったりするわけだ。すると、年下から理不尽なことを言われたりとか、「こら新兵、お前ら10年早いんだ」とか、いわゆる罵声を浴びせられたりだとか、辛い思いをする。

自衛隊時代、ディスコにて

隊内クラブで飲んでいて、喧嘩になりそうになったこともあった。先輩なので堪えに堪えて、その場はやり過ごした。10人くらいで肩を落として宿舎の方に帰っていたとき、誰が言ったのか知らないけれど、ひとりが「回れ右」という掛け声をかけて、10人が10人全員で一糸乱れず隊内クラブに戻って、罵声を浴びせてくれた先輩たちをボコボコにした。もちろん次の日に大目玉を食らうわけだけど、まあそういう世界だった。その後も殴り合った先輩たちとは自衛隊の中でときどき、顔を合わせることはあったが、それ以上にトラブルになることはなく済んだ。

福岡の春日の陸上自衛隊の中で教育を受けたのだが、駐屯地のまわりにいる角刈り、スポーツ刈りはヤクザか自衛隊だった。よくヤクザと自衛官が喧嘩したりすることもあったようだ。結構、市内のワル連中が集まっていて、昔、喧嘩していた暴走族や違う学校のワル連中、ヤクザの息子が根性を鍛えるために入っていたり、まあいろんな連中がいるわけで、それこそ殴られたりはしないが、なにかしでかすとほとんどが連帯責任。訓練と称する腕立て伏せや腹筋、そういうシゴキが待っている。

俺は18で一番遊びたい盛り。最初のうちはなかなか外出もできないのだが、週に1回、2週間に1回くらいは外泊の機会があり、そのときは仲間と一緒に天神や白衛隊の近くの街に出て、パチンコに行ったり、キャバレーに行ったり、スナックに行ったり、焼鳥屋に行ったりして楽しんだ。天神に行くときは、高校時代によく通ったディスコなどにも行った。門限が10時で外出するときは、10時までに帰らなくてはいけない。天神でぎりぎりまで遊んで、列車で天神から、雑餉隈駅まで帰り、そこから自衛隊までダッシュで走って帰るということもよくあった。春日の繁華街と自衛隊の間には、開かずの踏切というのがあり、それをかいくぐって10時の門限に帰るのはなかなか大変だった。どんなにぐでんぐでんに酔っぱらおうと猛ダッシュで帰るのだ。なにせ1回でも遅刻をすれば、1か月間外出禁止という、信じがたい罰が待っているからだ。

サバイバルな自衛隊生活

自衛隊での花形というと、1級バッジにレンジャーバッジ。1級というのは、種目が6つくらいあって、1500メートル走、土嚢をかついで50メートル、ソフトボール投げ、懸垂などを距離や時間で、1級から5級くらいまであるのだが、そのすべてで1級を取った者がもらえるバッジだ。レンジャーバッジというのは、レンジャー教育隊に3か月行ってレンジャーの資格を取ると貰えるバッジである。このレンジャーというのが、特に厳しい教育で、戦闘ズボンに一本でもシワがあれば腕立て伏せ10

回、半長靴というブーツが磨かれていなければ、腕立て伏せ10回とか。とにかくもうその3か月は地獄のような生活で、懸垂も戦闘服に半長靴を履いたまま懸垂をし、ふたりでバディを組んで、ふたりとも懸垂ができて1回、片一方ができなかったら、それを懸垂したまま待つという過酷な訓練だった。マラソンも当然、銃を前に持ったまま、掛け声をかけながら走るのだが、小銃の重さが4・3キロある。走っていると段々と腕が落ちて、小銃を離しそうになるのだが、それをビニールテープでぐるぐる巻きにし、小銃が手から離れないようにする。体力強化もひとつだが、一番重要なのは精神力で、俺ら同期も何人か入ったが、それは大変だった。俺もチャレンジしたかったが、視力が規定に満たないため幸か不幸か入ることができなかった。

自衛隊の演習は、究極のアウトドアである。戦闘服を着て半長靴を履き、リュックサックの中にテントから生活用具一式を入れて演習場に出かける。そこでテントを張って生活をするのだ。演習場ではいろんな訓練があるのだが、まず壕というものをスコップで掘らされる。表面の草をキレイに剥いで、人間がしゃがんだり隠れたりできる穴を掘り、敵が攻めて来るのを監視したり、その壕で相手と戦ったりするのである。

夜間は煙草を吸うこともできない。なぜなら煙草の灯りというのは、何百メーター先からも認識できるからである。人間用の壕はさほど大きくはないが、戦車や大砲といったものも壕に入れて草などでカモフラージュして隠したりすることもある。俺たちは普通科連隊小火器部隊なので、人間の壕だけでいいが、ときどき手伝いに行く戦車大隊などは、戦車が入れるスロープになった壕を掘らなくてはいけない。重機を使って掘るのだが、これも大変な作業だ。壕は演習が終わると、キレイに土を埋め戻し、上から剥いだ草を載せて、そこに壕があったことが分からないようにする。

ある日、演習場で他の部隊に加勢に行って帰る途中、山の中で道に迷い、真っ暗になってしまった。耳を澄ますと微かにジープが道を通る音がする。手さぐりで道をかきわけ、やっとジープの音が聞こえたと思ったら、そこは崖で、崖を10メートルも滑り落ちて、擦り傷だらけになったこともある。

食事は給食隊というのが、調理ができる車を持って来て演習場でつくる。飯盒メシにおかずに味噌汁、立ちながら食べたりするときもある。ご飯の上におかずをのせて、

自衛隊時代、演習中

その上に味噌汁をかけて食べるようなこともある。雨が降ればいつまで経っても、味噌汁がなくならないというか、雨で薄まることもあった。面白いのは配給される缶詰で、ピラフや赤飯、ウインナーにたくあんの缶詰なてのもあった。これがなかなかいける味で、ときどき余ったものを持って帰って、友達などに食べさせると喜んでくれた。

そんなこんなで自衛隊に1年もいると、元来、強靭で順応性の高い俺はマンネリ化してきた。演習がないときは、朝の点呼からマラソン、中隊内での作業、射的場に行って、小銃の練習などと続く。ただ結構辛いのが歩哨だ。自衛隊の駐屯地に行くと、門に立っている自衛隊員がいると思うんだが、あれがそれである。きちんとした姿勢をとり、お客さんや自衛隊の人が通る度に敬礼をする。もちろん不審者が入るようなことがあれば、それを阻止する。これがひとり1時間か2時間の交替なんだが、じっと立っているというのが予想以上に疲れる仕事である。それと夜の見まわりは中隊内で当番が決まっているのだが、中隊のまわりを見まわったり、宿舎の中を見まわって、不審者がいないかどうか、これも1時間か2時間おきに交替する。順番が決まっていて、前の人が後の人を起こすのがルールである。それで大失敗をしたことが一度ある。自分の番がきたときに、ついうとうとしてひとりすっとばして、次の人のときに起きてしまった。当然、次の日、呼び出されて、大目玉を食らうのである。

もうひとつ、射撃訓練のこともよく覚えている。射撃訓練は、小銃で300メートル先の的に実弾を発射する。小銃を撃つと強い反動があり、射撃音もとても大きい。ドラマや映画で見ると、格好良くポーズをつけて打っているが、銃底と呼ばれる銃の一番下の木の部分を肩にしっかりあてていないと銃がぶれて狙いが定まらない。機関銃を撃つ練習もしたが、機関銃は反動で銃身が上を向く、つまり連射すると段々、上の方に玉が逃げようとする。それをしっかり左手で押さえて打つようになる。まあこんな経験も自衛隊員でなければできる経験ではないだろう。

他には行軍という訓練がある。前期の新隊員教育で10キロ行軍、後期で25キロ行軍がある。25キロ行軍は、夜間２時頃に非常呼集がかかる。まあ事前に行軍があるということは分かってはいるが、何時になるかは発表されていない。作業服を着て半長靴を履いて、背負い嚢、銃、水筒、ヘルメットを装備し、宿舎前に集まる。それから行軍が開始される。大体、人が歩く速さが時速４キロといわれているから、25キロ行軍だと、休憩を入れて７、８時間になる。夜間の行軍はもちろん、懐中電灯で電気をつけることができないので、真っ暗な山道を歩くことになるのだが、作業服はカーキー色の濃い緑でどうしても見にくい。なので、襟のところにちょこんと白いキレを貼って、後ろの隊員がそれを目印に前について行って行軍をする。

背負い嚢の中にはいろんなものが入っているので、約10キロから20キロ、小銃だけでも４・７キロある。途中から機関銃を持って行軍したが、機関銃が10キロ以上ある。それが肩に食い込むのだ。そのままじゃ肩が腫れあがるので、中にタオルなどを押し込んで、和らげる。肩の痛さ、きつさもさることながら、夜間行軍は眠気との闘いでもある。山道を黙々と歩くのだが、歩きながら寝ているというか、あっと気が付くと沢の方に落ちそうになったこともある。しかし、行軍も25キロ達成すると、山登りにも似た、やり遂げたという爽快感がある。

地獄の専門学校

自衛隊には当然、免許を取りに入ったわけだが、免許が取れないと分かると、自衛隊にいることがとてももったいなく思えてきた。そんなときに、宮崎の伯父から電話があり、会社の後継者として、うちに来ないかという話があった。もちろんいきなり社長になるとかいう話ではなく、娘がふたりなので後継ぎがいない、将来的にお前に会社を継いでもらいたいという話であった。継ぐ継がないは別として、会社とはどういうものなのか、そして子供の頃から憧れていた社長業というのを体験してみたくなった。そこで自衛隊を辞めて、伯父の会社に就職しようと思った。

しかし、伯父の会社は土木建設業と不動産業を営んでいたのだが、土木建設や不動産の知識はまったくなく、それなら専門学校に行ってから会社に来いということになった。専門学校と聞いて、通って行って昼間に勉強するような生活を1年くらい続ければいいんだろうと高をくくっていたのだが、その専門学校がまたとんでもない専門学校だった。自衛隊が厳しいというが、自衛隊よりももっと厳しい専門学校生活になろうとは、このときは思いもしなかった。

まず、朝の6時に起床して、マラソンを2キロから20キロ。その日によって走る距離とコースは変わる。その後、朝食を食べ、隊員と呼ばれる人たちは直営現場、林道の建設に行っていた。自分たちは研修生ということだったので、敷地内にあるアスファルトやコンクリートなどの試験場に研修で入るわけだ。その時間が朝の9時から夕方5時まで。その後、夕食をとり、風呂などの休憩をはさんで8時から10時まで勉強、そして消灯という毎日である。

昼間働いて夜勉強という定時制にも似た生活。全寮制で寮内では酒は一切禁止、煙草は当然20歳から、月に一回の外出と月に一回の外泊。どう考えても自衛隊の方が楽だった。自衛隊であれば、週に3回か4回は外出でき、そのうち1回は外泊がとれていた。その専門学校とは宮崎県産業開発青年隊、要は農家は長男が農家を継ぐので、次男坊三男坊の就職対策のためにつくられた県が主催する専門学校である。定員が120名で100名が青年隊員と呼ばれ、後の20名が企業からの研修生。俺も伯父の会社からの研修生という枠でそこに入った。年齢は18歳の高校卒業から30歳、36歳くらいの人もいたような気がする。

まだあの頃は、体罰が教育現場には当たり前にあって、与える側も受ける側もある意味納得づく、だから失敗したり悪いことをすれば、すぐに鉄拳制裁。俺も何度も殴られた。高校を出たばかりの若いやんちゃ盛りの人間がいっぱいいるわけだから、当然、ルールを破る人間も出てくる。20歳以下で喫煙をする、施設内での飲酒は禁止だがこっそり酒を飲む、夜こっそり抜け出して、繁華街に遊びに行って酒を飲む。見つかれば本人だけが罰を受けるのではなく連帯責任である。一度、俺たちも6人くらいで、夜中、寮を抜け出して宮崎市内の方に遊びに行った。そしてタクシーで帰って来て寮内に入るところを、たまたま通りかかった教官に見つかり、夜中に非常呼集がかかって、全員が運動場に正座をさせられた。

「この中にルールを破って、夜中に寮を抜け出したものがいる。心当たりのある者は前に出て来るように」

最初はなかなか出ないのだが、出なければいつまでたっても、その正座状態は続く。運動場は砂利や小石があり、正座をしていると痛くてたまらない。そこで俺たちも観念して前に出た。竹刀を短く加工したもので、ケツバットを食らわせられるが、ルールを破った本人たちは10発、それ以外の人間も連帯責任として1発ずつ食らう。またこのケツバットが半端なく痛い。ケツバットというからケツに正確に当ててくれればいいのだが、わざと太もも目がけて竹刀が飛んでくる。終わった後は、紫色のミミズ腫れ、歩くのもままならない状態であった。今であれば当然、大騒ぎになるような体罰なのだが、その頃はそれが平然とまかり通っていた。本当に厳しい最後の学生生活だった。恐らく、今日まで様々な人生の起伏を乗り越えて来れたのも、この厳しい環境で培った経験が大きいのかも知れない。

　宮崎県産業開発青年隊では、いくつかの免許が取得できる。火薬取扱主任、危険物第4類、車両系、大型特殊などだ。火薬取扱主任というのは建設現場でダイナマイトなどを仕掛けるときに必要な資格で、これは比較的簡単だった。危険物第4類は、化学の公式などがごちゃごちゃ出て、テキストを見た時点で鼻っからこれは絶対受からんなと思ったこともあって、勉強した記憶もほとんどないのだが、なんの勘違いか分からないが、これも受かってしまった。車両系というのが現場内、例えば山の中、公道ではないところでユンボ、ショベルカーやブルドーザーなどを動かすときに必要な免許である。大型特殊はタイヤショベルなど、ナンバーが付いたままで公道で走るときに必要な免許である。この産業開発青年隊に1年いる間に、この4つを取得することができた。

　ここの専門学校も厳しいところだったので、隊員と研修生120名のうち1年間でたぶん20名くらいは辞めていったと思う。刑期を終えて、いや、研修期間を終えて卒業できたときは、本当に嬉しかったのを覚えている。

土建会社就職

そしてこの産業開発青年隊を卒業し、伯父の会社に就職することになった。この伯父の会社は、あさひ産業株式会社という会社だった。建設業でいうクラスのAクラスで、昔は現場監督と作業員もたくさんいたが、そのときは作業員10名くらい、あとは現場監督が8名くらいの会社だった。当然、なにも分からない俺は、先輩の現場監督について行って、現場監督の補助をしたり、スコップやつるはしを持って作業したり、ユンボに乗ったり、ブルドーザーに乗ったり、ダイナマイトをかけて岩を壊したり、そういう仕事をしていた。

宮崎県の延岡というところに会社があったのだが、そこの延岡の鶴ヶ岡という地区は、もともと山であったものを、あさひ産業が買い取って造成し、宅地にしていた。

その一区画を俺が現場監督として任されて、道路を造ったり宅地を造ったりした。今でもそこを通ると、俺がやったんだよなと、懐かしく思い出す。土木の現場監督にしろ、建設の現場監督にしろ、楽しいというか、造った物がいつまでも形になって残っているというのはすごく嬉しいことだ。まあ芸術家の作品とは違うが、自分がつくった作品がそこにあるようなもので、なんとも気持ちがいいものだ。

中にはとんでもない現場を担当したこともある。宮崎の山奥だったが、崖が90度どころか、覆いかぶさっているようなところに走っている細い県道を拡張するという工事だった。山の上からどんどんノリを削って道を広げるのだが、被っている崖なので、削れば削るほど、足場が狭くなるという恐ろしい現場だった。そこの工事には3つの事業所が入っていて、50メートル間隔で区割りをされていた。うちの会社は一番右、そしてA社、B社が真ん中と一番左であった。一般の道路なので交通規制をかけて、その間に岩を砕きながら下の道路のところに落とし、それをユンボでトラックに積み込んで出していく。30分毎の時間規制なのだが、うちの会社ともうひとつの会社で両端に警備員を立て、片側ずつ車を通して行く。当然時間がくると車をストップするのだが、一度大事故が起こってしまった。

それは車を止めていないときに、真ん中の会社が石を上から落としてしまい、下を走っている車に直撃。見た瞬間にこれは死んだなと思った。何百キロもあるような石が運転席を押し潰すように落ちたのだ。幸い死亡事故にはならず、怪我で済んだのだが、一歩間違うと死亡事故になっていた。現場での一切の責任を背負っている監督としては、生きた心地がしなかった。俺自身も車両を通行止めにするぎりぎりのときに、トラックで道を渡ろうとして、上から石が落ちて来て、車体の横に石がぶつかったことがある。隣の現場と大喧嘩になったが、建設現場、土木現場はちょっとしたことで、大事故に繋がることがある。こんな具合で、現場監督中には何度か怖い思いをしたことがあった。

【第2章】

車いすになった暴れん坊

交通事故

伯父の会社に入って3年。もともと不動産の営業とか、そういう営業畑での仕事をするように社長からは言われていたのだが、まずは現場を知ることということで、現場監督をしていた。そろそろ営業の方に変わろうかという矢先に、人生を大きく変えることになる交通事故が起きた。

緩やかな左カーブを居眠り運転で曲がれず、民家のブロック塀に激突。ちょうど事故現場の上の丘に、祖父母の家があって、家のまわりで、なんか下で事故がありよるよと騒いでいるところに、警察から電話があったらしい。親父とお袋は福岡に住んでいたのだが、タクシーで宮崎の病院まで駆けつけたらしい。ブロックに激突した直後に目は覚めたのだが　どうしても身体が動かない。まあなんで動かないのかも分からないまま、また気を失ってしまった。

次に目が覚めたのは、救急車でレスキュー隊が来て、電動カッターで車体を切り、俺を車から出そうとしているときだった。俺は助手席の方に倒れ込んでいたので、

「なんで俺が助手席いるんや、俺が助手席におるってことは運転手が別におるはずや、探せ」

と言った。しかし、

「あんた以外誰も乗っていない」

という。混濁した思考の中で意識は薄らぎ、次に目が覚めたのは、個人病院のベッドの上だった。目が覚めると周りに、両親や親戚連中が集まっていた。そこで聞こえてきた会話は、

「頭の後ろがぐっしゃり潰れているんで、もうダメやろう」

とか、そういう話だった。その会話を聞きどう感じたのかさえ覚えていないが、後で分かったことは、その話は他に事故で搬送された患者の話で、自分のことではなかったということだった。

ただ夏の暑い盛りの7月6日、病室も暑かったのか体温調節機能が働いていなかったのか分からないが、もう喉はからからで水が飲みたい、冷たいジュースが飲みたいと思っていたことを覚えている。しかし、手術をするのであれば、水が飲めないということで、ガーゼに水を含ませて、口で舐める程度しかできなかった。

その後、個人病院ではどうにもならないということで、大きな病院を探したのだが、なかなか受け入れてくれる病院がない。福岡の脊損センターという脊髄損傷専門の病院があるということで、自衛隊のヘリに頼んで、搬送してくれるということになったのだが、今度はついて行く医者がいない。そんなときに、うちの親戚に宮崎大学の教授がいたので、そこに連絡をして受け入れてもらえることになった。ところが消防というのも面白いシステムで、各市町村で区域外になると、その度に救急車を乗り換えないといけないという。うちの爺さん、怒ったね。さすがに。そんなことしていて孫が死んだらどうするんだと。もっともな話だ。各市町村をまたぐ度に、救急車に乗せ替えていたら、いつ着くことか。結局、話し合いの結果、1台の救急車で宮崎大学まで行くことができた。

宮崎大学でレントゲンを撮ると、レントゲンで見た感じでは、骨がずれている様子ではない。たぶん首の骨、頸椎がガクッとショックでズレて、その後また元に戻ったんだろうということになり、その場は器具で頭を固定して、後日、首を固定する手術をすることになった。こめかみのところにメスを入れて、ドリルで穴をあけ、錘で釣って首が動かないように固定するのだが、なんの知識もない俺は、そんなことをして脳に傷が入らないいんだろうかと不安になって、担当医に聞いた。「いや、頭蓋骨は二重になっているから大丈夫だよ」と、軽く流された。

さあ、それから毎日、寝たきりの生活の始まりである。腕も足も力を入れてもピクリともしない。暑さで顔にニキビができて痒くてたまらない。食事は介助で食べられるのだが、顔にボタボタ汁が落ちたりして、嫌気がさす。食欲もほとんどなかった。食べられるものと言えば、見舞いに持って来てもらったメロンや果物くらい。食堂のラーメンをとっても、ラーメンが上手く食べれずイライラは募るばかりだった。

看護師さんとリハビリ

生死をさまようような事故である。ふつうなら事態は深刻を極めていないといけないのかも知れないし、俺も悲しみの中で動かない身体を受け入れられずに悶々としていなければならないのかも知れない。しかし、俺の頭の中の現実は違っていた。ここ宮崎医大にはキレイな看護師さんがいっぱいいた。担当の看護師さんは特に美人で、俺をよく笑わせてくれた。恥ずかしながら、このハーレムのような環境が事故の深刻さをはるかに上回っていたのである。

さて、事故の影響かなにか分からないが、顔にニキビみたいなものがいっぱいできて痒くてたまらない。左腕が微かに動いた。その微かに動く手に、ギブスをつくる材料でつくった孫の手のような形をしたものに包帯をぐるぐる巻きにして、顔に当て、痒いところを自分で掻いたりしていた。微かにしか動かなかったが、それでも痒いところが掻けるというのは嬉しいことだった。

入院して何週間か過ぎた頃に、首の固定手術をすることになった。頸椎の４番と５番というところが、損傷を受けているようで、そこにセラミックプレートを入れ、ステンレスのビスで止めるという手術だ。首の後方からメスを入れた。手術から目が覚めると、人工呼吸器を付けられていた。当然、会話ができないので、文字盤を指差しながら会話をしようと、ＩＣＵの看護師さんに勧められた。しかし、もともと俺は近視でメガネをかけないとほとんど見えない。そのことをたぶん看護師さんたちは知らなかったのだろう。一生懸命に文字盤を指すのだが、全然見えない俺は、自分の思っていることが伝えられない。自分の思うことが伝えられないことが、これほど苦しいことだとは思わなかった。それで、やっと開く口で、

「バカ、バカ、そんなもん見えんのじゃ、バカ」

と言い続けた。すると看護師さんもバカと言っていることが分かったらしく、バカって言っているの、なんでという顔をしただけで、俺の目が見えないことには全然気付

いてもらえなかった。そして、なにかあったときに呼びなさいと、微かに動く左手に鈴を付けられ、用事があるときはそれを振ってくださいと言われていた。しかし、どうにもこの人工呼吸器と自分の呼吸が合わない。苦しくてたまらない俺は、ほとんど一日中その鈴を振り続けた。そして、2日目にようやく呼吸器が外されたときに思わず叫んだ。

「俺は目が悪くてメガネをかけないと字が見えないんだよ。そんなことも分からないのか」

と。看護師さんたちは苦笑いをしながら、ごめんごめんと言っていたが、俺にとっては地獄にも等しい時間だった。しかしながらタダでは転ばないのが俺のいいところで、2日間、鈴を振り続けたお陰で手の動きが少し良くなった。これもやっぱりリハビリというのだろうか。その頃、俺の遊びというのは、顔を掻くギブスの材料でつくった孫の手をベッドの下にポロンと落とし、看護師さんが近寄って来ると、それでスカートをめくるという遊びだった。もちろん全然めくれるはずもなく、

「米倉さん、頑張ってめくりましょうね」

と、優しい顔で看護師さんも微笑んでくれた。その後、全力で頑張ったことは言うまでもないか。

今となっては時効だが、俺は14歳の頃から煙草を吸っている。やめようと思ったことは1回もなかった。当然、寝たきりの状態で車いすにも乗れず、ときどきベッドのまま、宮崎医大の中を散歩に連れて行ってもらった。そのときに付き合っていた彼女がいて、彼女がベッドを押してくれるのだが、煙草の自動販売機の前に来ると、煙草買ってと頼む。しかし肺活量も１２００ml くらい（一般成人男性３５００ml）に落ちていて、お医者さんからは死んでもいいと思うのなら吸ってもいいと言われていた。しかし、どうしても吸いたくて何度か頼んだが、彼女から煙草を買ってもらえることはなかった。

３か月経った頃だろうか。担当医からまた残念な宣告を受ける。

「あなたは頸椎の4番と5番を損傷しています。手も足もどんどん細くなって、車いすに乗ることも難しいかもしれません」

腹が立ったね。まだリハビリもなにもしていないのに、それなのにお前に俺の人生を決められるのかと悔し涙が出た。でも、根拠もない変な自信もあった。なぜかというと、俺の場合は感覚が残っていたからだ。医学の知識のない俺は、感覚があるということは動く、リハビリをすれば動くと堅く信じていた。だから身体はほとんど動かなかったが、右足、左足に力を入れる練習、要はイメージトレーニングをしていた。腹筋に力を入れ、背筋に力を入れ、もちろん入っている感じは全然分からない。膝を曲げる伸ばす。足首を上げる下げる。足の指をグーにしたりパーにしたりする。もちろん見た目ではピクリともしない。だがそれを毎日毎日繰り返す。とにかく、暇な時間は繰り返していた。

　基本的に医大というのはリハビリをするような病院ではない。手術が終わり急性期を過ぎると、他の病院に転院になる。宮崎医大から次にどこか転院しなくちゃいけないとなったときに、まず思い浮かんだのが、福岡県飯塚市の脊損センターだった。ここは脊髄専門の病院で、全国でも有名な病院だ。ただ、ここにも病院システムの落し穴というか、ルールが存在していた。脊損センターでは、急性期、つまり手術をするとか、手術をしてすぐの患者しか受け入れてもらえない。リハビリを開始した人は受け入れてくれないのである。

医大ではリハビリと言っても、腰から上に首を固定する装具を付けてリハビリ病棟に行って、可動域を動かしてもらうくらいだったのだが、それでも脊損センターに入ることはできなかった。それで医大から別の病院を紹介してもらった。たぶん系列の病院だろう。宮崎の川南町というところにある国立療養所、ここに転院することになった。この病院は昔の陸軍かなんかの病院のあとで、それなりにリハビリ施設もあった。ただ、とても田舎の病院で、あまりキレイなイメージではなかった。怪我をしたときは体重も80キロくらいあり、身長も１８０とデカかった。川南の病院に着くなり、シーツごとストレッチャーからベッドに抱え上げられる。６人がかりだった。これから世話になるよ。

口も麻痺していれば、良かったのに

川南の国立療養所。まあどこの病院でもそうだが、良い看護師さんもいれば、悪い看護師さんもいる。まあこれは俺にとってということかも知れない。そりが合う合わないとか、そういう問題もあるのだろうが、川南病院では、ストレッチャーからベッドにシーツで移されたとき、口の悪い看護師のおばさんに、

「まあ重たい、大変やな、大変やわ」

と、いきなり言われた。こいつなんて失礼な奴なんだろう。そりゃ身体が大きくて大変かもしれない。でもそれを患者の前でまともに言うなんて。まだ、俺も23歳の血気盛んな若者。当然、そういう言葉を聞き流す余裕はない。

「こらオバサン、お前、人を荷物扱いしよんのか」

と、声を荒げた。すると俺が聞こえるか聞こえないくらいのところで、

「あの人ね、口も麻痺しときゃ良かったのに」

と、のたまった。またそれでカチンときて、看護師長を呼びつけた。

「どういう教育しているんだ」

と、やりあった。まあその後もその手の悪い看護師さんとはいろいろあった。

さて、川南病院ではリハビリ室に行くようになる。そこでＯＴ（Occupational Therapist）という作業療法とＰＴ（Physical Therapist）という理学療法があるのを知った。ＯＴとは名前のごとく、作業を通して機能の回復を図ることだ。例えば、ビーズを摘まんだりとか、右にある物を左に動かすとか。当然、ほとんど手の動かない俺にできることは知れていた。

それと理学療法。これは可動域を固まらないように動かしてもらったり、筋力をつける訓練をすることだ。川南病院には半年間いたんだが、その間に徐々に右手も動くようになった。ただ、一回完全に落ちた筋肉を回復させるのは大変だった。

この病院にはリクライニングの車いすが１台あり、俺ともうひとり頸椎損傷の人が

交替でその車いすを使った。車いすのハンドリムというところに、棒のようなものがたくさんついていて、その棒を手のひらで押すことによって前に進む。もちろん初めは車いすがピクリともしない。しかし毎日毎日やっていると、少しずつ動くようになり、1時間かけて1メートルとか動くようになった。

俺は女性のPTの先生が担当だったのだが、肩が固まっていて可動域を広げるのに、ハーバード浴という機械浴に入って、固まった肩を上に伸ばす運動をしてもらうのは、残念なことに男性のPTの先生だった。この先生が本当にスパルタというか、まあその頃は大嫌いだったんだが、煙草を吸いながらリハビリをしたりする。まあ今では考えられないだろうが、そういう先生だった。そしてハーバード浴で可動域を広げるときに、普通は動くぎりぎりのところで止めて徐々に上がるようにするんだが、思いっきり力を入れて無理やり伸ばそうとする。その度に大喧嘩。

「お前痛いと言いよるのに、なにを無理やりするんか」

「これぐらいいせんと動くようにならん」

「やかましい、お前、俺の身体に触るな、こらっ」

と、この調子だ。未だにあのリハビリは正しかったのかどうか分からない。後にも先にも、あんなに無理やり可動域を動かされたことはなかったし、あの先生が最初で最後だ。そして川南病院も半年を過ぎ、別の病院を探すように言われた。その頃はまだインターネットというものがなかったので、口コミでいろいろ聞いて回った。候補に挙がったのは、熊本の湯之児病院、それと大分県別府市の農協共済リハビリテーションセンター、そのふたつだった。親が見に行ったのだが、交通の便が良いこと、キレイであることが決め手となって、別府の農協リハビリテーションに転院することになった。

人生を登山に例えるなら、７合目あたりまで調子よく登っていたら、一気に谷底まで滑落。命が助かったことそれ自体が不幸中の幸いで、顔の痒み、指先の微かな動きが希望とでもいうように、われ知らず勝手に再生に向けて動いて行こうとしているあたりかも知れない。

運動機能回復の限界

ここはとてもキレイな病院だった。ここでも看護師さんは若くてキレイで、同じ年くらいの看護師さんもたくさんいた。同じ病棟にも頸椎損傷の人が何人もいて、同じくらいの状態の人もいた。また、1階の施設には、自分で身の周りのことができるようになった車いすの障害者が職業訓練をしている施設もあった。そこにも若い車いすの人たちがたくさんいた。

農協リハでも川南と同じように、OTとPTを受けるようになった。OTでは自転車のペダルに手を結びつけて手をまわすリハビリや、傾斜した台に木に棒がついたものを両手で握り前に押し上げる訓練、お手玉を右から左に置く訓練、自助具という皮にスプーンを固定したような道具で食事をとる訓練などをした。さらに、車いすをこぐ訓練も行った。その頃は棒ではなく、ハンドリムにぼっちが付いたものを手のひらで押しながら車いすが少し動かせるようになっていた。

その頃、自分より前に入院していた頸椎損傷の人たちがしている車いすの訓練は、ハンドリムに自転車のゴムチューブを巻きつけて、皮の手袋をして、そのゴムチューブと皮の手袋の摩擦で滑らないのを利用して前に進む漕ぎかたの練習だった。俺も車いすをつくり、そのハンドリムで車いすを漕ぐ訓練を始めた。初めはなかなか訓練棟の廊下をまわるのにも時間がかかったが、段々と速くなっていった。すると今度は、車いすの後ろに紐をつけその上にダスキンのような化学ぞうきんを載せ、その上に錘を2キロ、5キロ、10キロ、20キロと徐々に増やしていった。当然なにもないときにはある程度は漕げるようになっていも、これを引くのはなかなか大変で、ハンドリムの間に親指を突っ込んで漕ぐのだが、手にはマメができて血まみれになっていた。

あとは、病院内のスロープを車いすで登るのだが、平坦な道でもやっと漕げるぐらいなのに、坂道だととても大変で、後ろにリハビリの先生や家政婦さんについてもらって坂を登る。それもジグザグに少しずつ登りながら、毎日毎日、同じ訓練をする。

それから、ベッドに上がるための訓練として、リハビリのマットの上に両足を上げ、いざってマットに上がる練習をするのだが、この足が無茶苦茶に重たい。足を上げられるようになるまでに相当な期間がかかった。左足を上げるときは、手首まで左手を突っ込んで、右手を車いすの押し手に引っかけ、反動と勢いで上に持ち上げてマットの上に載せる。右足を上げるときは、右手の手首まで膝の下に入れて、左手を車いすの押し手に引っかけて上げる。そして、車いすをマットにいっぱいまでつけて、ブレーキをかけてハンドリムを押しながら前に進むのだが、これが簡単には進んでくれない。車いすのクッションにサテンの生地を貼って滑りやすくして、それで上がりやすくなるような工夫もした。

リハビリで一番最初に覚えたことは、煙草に100円ライターで火をつけることだった。自分が求めること、必要と思えることは、一生懸命に努力するものである。決して煙草は健康にいいと思っていなかったが、それでも吸いたい一心で握力もない手で100円ライターをつけるのだった。これも先輩の頸椎損傷の人がやっているのを見て努力した結果である。俺の場合、感覚があったから歩けるようになると信じていたし、時間がかかってもリハビリをしていけばなんとかなると思っていた。ところが、先輩の頸椎損傷の人の中には、同じように感覚や痛覚などがあっても、やはり足が動かない人がいた。そういう人を見ながら、段々、自分がどのくらいまで回復するかの限界を受け入れていったように思う。

そして、このまま身体が動かなければどうやって生活していこうかと考え始めた。農協リハは基本的に完全看護なので、家族や付添を付けることはできないのだが、重度の障害があると、どうしても看護師さんだけで介助するには限界がある。そこで、家政婦協会というところから、一日いくらということで、家政婦さんを派遣してもらい、ベッドサイドの付添用のベッドで寝泊まりしてもらい、洋服の着替えやトイレの介助を手伝ってもらう。しかし、家政婦さんというのは、介護の知識がそんなにあるわけではなく、ビデオを2、3本観てそれでよしとして来ている人が多い。収入は他の仕事よりも高いが、とてもハードな仕事ではある。

中には60代のお婆ちゃんがいて、面白いエピソードもある。歯磨きをするのに、歯ブラシに歯磨き粉を付けてもらって、手に固定する自助具で磨くのだが、どうもいつもと味が違う。なんと洗顔料を歯ブラシに付けられた。それで歯を磨いたものだから堪ったものではない。口の中は化粧品臭く、大変な思いをした。次にカップ焼きそばをつくってもらったのだが、たぶん初めてカップ焼きそばをつくったのだろう。カップラーメンのごとく、お湯を入れそのままソースをブチ込んだ。とても喰える代物ではなかった。

病院といっても若い者が多いと、やはりそれなりにやんちゃをしてしまう。病院内ではもちろん飲酒をすることはできないのだが、晩飯のときにこっそり隠れてビールやチューハイを飲んだ。食べる物も病院の料理に飽きれば、出前を取ったり肉を焼いてもらったり、付添いさんにモツ煮込みをつくってもらって、仲のいい入院患者と食べたりもしていた。

不良リハビリと宅建の取得

また、1階の職業訓練の施設には、訓練が一通り終わって、自分で自分の身の周りのことができる先輩の障害者がたくさんいた。バイクや車でムチャをして車いすになった若者が多く、すぐに仲良くなった。そして、こっそり夕方1階に遊びに行って一緒に酒を酌み交わす。その中で施設での規則外の処世術のレクチャーを受ける。こういう車いすが格好いいし乗りやすいとか、外泊の活用の仕方、夜中に別府の街への繰り出し方とかを真剣に学ぶ。学んだら即、実践である。外泊をとって一緒に飲んで回り、パチンコをし、焼き鳥を食べ、スナックを巡る。中でも、リンリンというスナックがあって、ママさんも気さくな良い人で、昼間、送別会や誕生会に格好つけては店を開けてもらって、酒を飲みながらカラオケをした。可愛い中学生の娘もときどき、手伝いに来てくれるのも楽しみのひとつだった。あのとき、外に出てパチンコしたことや、夜、酒を飲みに行っていたことが、リハビリを頑張ろうという原動力になっていたような気がする。早くひとりでできるようになって遊びまわりたい。付添いさんがいない状態でひとりで行きたい。そう思って毎日努力をした。

身体が大きかったのと、残っている機能が少なかったこともあり、自分ひとりで大体できるようになるまでに3年半かかった。そして3年半経った頃、1階の職業訓練に行くか、国立の重度センターに行くかを選ばなくてはならない日が来た。1階の職業訓練では皮細工やちょっとした事務、あとは園芸などをしていたが、重度の障害者である自分にできることは限られていた。皮細工も嫌いではなかったが、皮細工で食っていけるとは思えなかった。

その頃、親戚の伯父さん連中の多くは不動産会社を開業していた。宅地建物取扱主任、通称宅建を取ると仕事に就けるといって勧められた。通信教育のテキストを取り寄せてみると、それは専門用語や法律用語でいっぱいだった。難解で一瞬、怯みそうになったが、これを取って職につけるなら頑張るしかないと思い、1階の職業訓練ではなく、国立重度障害者センターに行くことに決めた。国立重度障害者センターであれば、宅建の勉強をする時間がたくさんとれると思ったからである。

重度センターに行くと決めたことを、１階の職員に話すと、

「なんか米倉、お前、１階に降りるのが大変やけん重度センターに逃げるんか」

と、言われた。

「いや俺は1階に降りてもなにもすることがないから、重度センターに行って宅建の免許を取る。そのために重度センターに行く」

「お前みたいに毎日、酒ばっかり飲みよったら、宅建なんか受かるはずがない。宅建を真剣に受けようと思うんなら酒は止めんと無理だろうね」

と、鼻で笑われた。そんときに絶対に受かってこいつを見返してやろうと堅く誓った。

１階の職業訓練施設に新しく若い障害者が入ってきた。福岡から来た元暴走族であるという。歳は同じ歳。現役時代に見たことはなかったが、名前は聞いたことがある暴走族だった。なにも車いすになってまで喧嘩する必要はなかったが、やはりそこはまだ若い者同士。酒を飲みながら話していると、お互いの現役時代の話となった。お

互いに自分が入っていたチームにはプライドがある。なにがきっかけになったか分からないが、そこで大喧嘩になり、動かない手で殴り合うことになってしまった。まわりの先輩たちに止められて事なきを得たが、結局、そいつとはそいつが退所するまで、決して仲が良いという間柄にはなれなかった。しかし、お互いに一目を置き、酒を交わす程度にはなっていた。その後、福岡に帰ったと聞いたが、未だ消息は知れない。

ひとつ上に憧れの先輩もいた。状態も似ていたのだが、よく飲みにも行っていた。その先輩に早く追いつきたくて、リハビリを頑張った。こんな感じで、楽しいことを探すこと、楽しみを実現させること、人との出会い、そんな一つひとつが皆、リハビリに繋がっていたのだと思う。

２度付き合った彼女との別れ

事故のときに付き合っていた彼女とは、別府に来てから段々と会わなくなった。そんなとき、高校のときに付き合っていた彼女から病院に電話があった。

「もしもし、お母さんから聞いたんやけど、事故に遭って入院しとるって」

「ああ、身体全然動かんけど、なんとか車いすに乗れるようになったわ」

「今度、見舞いに行ってもいい？」

「ああ、いいよ」

それから彼女は毎週、休みの度に福岡から農協リハに見舞いに来るようになった。

高校生のときにはひとつ下で可愛らしかった彼女が26歳、もう大人の女性へと変わっていた。Ｆ１が好きらしく、よく鈴鹿にレースを観に行くと言っていた。デートと言っても付添いさん付き、慣れてくると付添いさんなしで、ふたりで外泊したこともあった。パチンコしたり飯食ったり、酒飲んだり。ただ、問題があった。彼女のお母さんは看護師さんで、俺の状態をお母さんに話したら、もちろん付き合うことには猛反対。

「あなた相手の人がそんな状態で、将来どれだけ苦労するか分かっているの」

と。まあ、よくある話だ。たまに電話がかかってくると泣いている。お母さんが分かってくれないとのこと。それはしょうがないよなと言いながら、でもたぶん不安だらけだったんだろう。あるとき、なんの拍子だったか忘れたが、

「お前、俺と別れた方が幸せになれるんじゃないか。どうしていいか分からないと言いながら電話をかけて来るということは、やっぱり俺と別れたいという気持ちもどこかにあるんじゃない」

と、口から出てしまった。散々、電話で泣いた挙句、分かったと言って電話が切れた。2、3日経って、なんであんなことを言ってしまったのだろうと思った。もちろん彼女に幸せになってほしいというのは本音だ。でもやっぱりいなくなるのは寂しい。自分から電話していた。

「もしもし。この前勢いであんなことを言ったけど、やっぱりお前のことが好きや」

その言葉は、あのときに言ってほしかった。もう私はあなたと別れることを決めたという。そして彼女とは終わった。

ルールへの抵抗

国立重度障害者センターには、農協リハから行った人も何人かいて、頸椎損傷の障害者もたくさんいた。重度の障害者も多く、初めに入った部屋は１寮という一番重度の人とか、入所したばかりの人が入るようなところだった。俺も夕方の７時にはベッドに上げられて、部屋は４人部屋、備え付けテレビが一台あった。

訓練はＯＴ、ＰＴ、ＡＤＬ（Activities of Daily Living）と３つあり、ＯＴではパソコンでワープロを打つ練習をしたり、パソコンでゲームをして遊んでいた。当時、ノートパソコンでOSはウインドウズ98、ディスプレイが白黒で15万円もした時代だ。OTではよく文章の作成をした。それは自分たちが使う集尿器が使いにくかったので、それをOTの先生に頼んで改造してもらっていたのだが、毎回作ってもらうのがとっても面倒くさいし、お金もかかる。それで簡単に自分たちで開閉できる集尿器を考案し販売したら儲かるだろうなと思い、その実用新案の書類を書くのにOTのパソコンでワープロを習いながら打っていた。

PTでは、起立台とストレッチ、後は軽い筋力訓練、もう重度センターに来た頃には、ほとんど自分の身の周りのことはできていたので、まああまり真剣にリハビリをしたという記憶はない。ADLでは、トイレから車いすに移る訓練をやっていた。これがいまひとつ不安な部分であった。

そして訓練が終わると、食事をして、それから宅建の勉強をするわけだ。そこでルールを決めた。毎日1時間半の勉強をする。勉強をちゃんと1時間半した後には、友達とお酒を飲んでいい。しかしそれは、自分の勝手なルールで、その頃の重度障害者センターは、飲酒は禁止であった。唯一飲めるのは友達の誕生日くらいか、それもちゃんと申請をして、量も缶ビール1本と決まっていた。しかしこのルールで勉強がすごく捗った。なにしろ酒を飲んで皆と遊びたい。だったら勉強するしかない。重度センターに入った頃は27歳。学生時代と違い、かなり記憶力が怪しい。前の日に勉強したことを忘れる。半分は忘れていたんじゃないかな。だから繰り返す。宅建の試験まで半年しかなかった。毎日1時間半勉強しては酒を飲む、そういう生活を毎日続けた。しかし、その独自の勉強法が功を奏したのか、合格率20数%という宅建の試験に見事に合格することができた。早速、農協リハに行って、お前は酒をやめんと絶対通らんと言った職員に、俺は毎日酒を飲んだけど、ちゃんと通ったよと自慢しに行ってやった。

重度センターは、俺が入った頃、ほとんど誰もお酒は飲んでいなかった。もちろん誕生日会とかいうのは別として、毎日飲んでいるような奴はいなかった。それも当然だ。禁止されているわけだから。まあ俺が入所する少し前に酒を飲んで大暴れをした奴がいて、それから厳しくなって飲み事を自粛したということだった。しかし俺は重度センターに行ったら、お酒が飲めるというのが大きな楽しみのひとつだった。人間、野望や欲望がないと頑張れない。そのためにも酒を飲んで楽しむことは必要だろう。ましてや1か月だけの入院とかではない。何年もそこの施設にいて訓練するわけだ。余暇の時間、ストレス解消する時間も当然必要だと思う。

それがなんと今では、重度センターにはラウンジがあり、夕方、好きなときにビールや焼酎が飲める。ただ、あのときは逆に飲めなかったことが功を奏したのかも知れない。当然、おおっぴらに飲めないから、外泊をとったり、夜中に抜け出したりして街に出るわけだ。しかし街中にはトイレもない。まだバリアフリーなんて言葉すら世の中に出ていなかった頃、俺たちは必死に自分たちが遊べる場所、飲みに行ける場所を探した。そうやって自分で楽しみを見つけていった。ただ今はどうだろう。もちろん外出して飲みに行く連中もいるが、基本的に重度センターの中で、お酒が飲めるのであれば、苦労して外に出なくてもいいわけだ。だからだろうか。今、重度センターの入所者を見てみても元気が足りない。もっと街に出て楽しむことを覚えてほしい。

話は逸れたが、そうやって入ってから徐々に友達たちと32号室で夕方酒盛りをするようになった。晩飯が終わって看護師さんがまわって来る7時までの間、乾き物を準備したり、手のいい仲間にベビーハムを焼いてもらったりして、ビールや焼酎を飲んだ。焼酎は知り合いに頼んで、スプライトの瓶とかに入れてきてもらう。そうすれば持ってきても焼酎とバレない。しかし飲んでいると大体、潰れる人間がいる。俺は結構強い方で、べろんべろんになることはなかったが、それでも匂いはぷんぷんしていたし、よく顔も赤いと言われた。だがそういうときには、ちょっと今日は日射しがきつかったので日焼けしただの、冗談交じりの受け答えで誤魔化していた。

一度、ロッカーから、焼酎の空き瓶がごっそりなくなっていたことがあった。うわ、絶対にこれは誰かに見つかったなと思っていたのだが、なかなか言ってこない。もしかしたら仲の良い保母さんが捨ててくれたのかなと思っていたのだが、それから何日かして指導課から呼び出しがきて、

「お前らのロッカーから焼酎の瓶が出てきた。お前らが飲んだんだろう」

「いや自分たちは飲んでません」

「だってお前ら３人しかいないんだから、３人誰かが飲んだ以外考えられないだろう」

「いえ、本当に自分たちは飲んでいません。部屋には鍵をかけるようになっていなかったので、自分たちがいない間に誰かが持ってきて、置いたかも知れない」

と、嘘をつき通した。まあ今思うと指導課の先生には悪いことをしたなと思うけど、

酒が見つかると退所になる。そこはシラを切り通すしかなかった。

寮内ではよく喧嘩も起きていた。まあ年齢も近い者同士が生活を共にしているわけで、彼女の取り合いだの、あいつがなにか言った言わんだの、結構、派閥みたいなものもあって、賑やかにいろんな青春ドラマが繰り広げられていた。

【第3章】

車いすの暴れん坊、アパートを造る

ユニバーサルデザインアパートを造る

重度センターもそろそろ退所しなくてはならない時期がやってきた。両親も定年まであと僅かなので、宮崎に引っ越して、家を改造して一緒に住めばいいじゃないかと言っていたのだが、俺は親や兄弟と一緒に住むということは考えていなかった。生活もなんとか時間はかかっても自分で身の周りのことが一通りできるようにもなっていたので、退所の時期が近いメンバーを集めて、自分たちが住めるアパートを造ることを考え始めた。10人集め、1階に自分たちが住んで、2階を学生たちに貸す。家賃は少し低めに設定して、その代わりなにか困ったことがあったときには手伝ってもらうという仕組みだ。企画としては20世帯のアパートを建てるということだ。

目算で1人1000万円程度のローンを組めばできるという、まさに取らぬ狸の皮算用だったが、声をかけてみると、案の定、この壮大な企画の趣旨に賛同する有志10

人がなかなか集まらない。そうこうしているうちにメンバーのひとりに事故の保険金が入った。メンバーからの提案は、自分がアパートを造るので、そこに家賃を払って住むならどうかというものだった。これは渡りに船、一気に事態は動き始めた。３世帯建てて、１世帯を大家が住んで、後の2世帯それぞれにふたりずつ住むようにした。それぞれの世帯には、８畳くらいのプライバシーを守れる個室があって、台所、洗面所、風呂、トイレを共有にした。ちょうど5人が集まった。俺は障害の程度が同じくらいの頸椎損傷のメンバーと一緒に住むことにした。もう1世帯も重度センターから出たメンバーと「太陽の家」にいたメンバーが住むようになった。俺と一緒に住むようになったのは農協リハで一緒だった友達だ。アパートの名前は出資者の名前と皆の思いを込めて「サクセスハイツマルコ」とした。

さて、５人でそのアパートに住むようになったのだが、障害のレベル的には5人とも似たりよったり。車いすから落ちれば誰も自力で上がることもできない。住んでいる者同士が手伝っても上がることはできない。そこで、個人タクシーの運転手さんの知り合いに頼んで、車いすから落ちたときには電話をしてふたりで来てもらい、１人

サクセスハイツマルコ外観（Special thanks ぐっどらいふ大分 代表 丸子博司氏）

に１０００円ずつ払って車いすに乗せてもらうという契約をした。個人タクシーの運転手さんは４、５人いたので、昼夜関係なく24時間カバーすることができた。まあ車いすから落ちるという事態が、そういつもあるわけでもなく、保険のようなものだった。

重度センターにいるときに、家事訓練で料理をつくる訓練もしたのだが、はっきり言って時間がかかる。まともな料理をつくろうと思えば２、３時間はかかる。仕事もなにもせずにただ暮らすだけならそれでもいいが、俺はその頃、介護用品の販売をしていて、食事をつくるのにそんなに時間をかけるわけにはいかなかった。それで友達や知り合いを呼んで、５人分の食事を一緒につくってもらうことを考えた。正確には、作り手の分もあるので６人分になる。その材料費を５人で分担して払う。要は、作り手はつくる代わりに一緒に食事がタダで食べれるというシステムをつくった。これも朝昼晩というわけではなく晩飯だけだ。朝昼はパンを食べたり、出前を取ったり弁当を食べたり、ラーメンをつくったり、そういう生活だった。初めは５人で食べるのもなかなか良かったが、やっぱり食べ物の好みもそれぞれ違うわけで、段々とそれぞれが別々に友達を呼んで食べるようなスタイルに変わって行った。中には彼女ができて、その彼女につくってもらう奴も現れた。俺もサクセスハイツマルコにいる間に何人か彼女が変わった。

そう、話は前後するが、重度センターを退所するときのことも話しておこう。重度センターを出て自分たちだけで自立生活をすると言ったとき、９割の職員は反対だった。「できるはずがない」と。もちろん親たちもとても心配した。でも、俺たちの意思は固かった。職員たちの言うことはよく分かる。なんといってもベッドや車いすから床に落ちたら上がれないのだから、誰が考えても無謀としか言いようがないわけだ。

今はぐっどらいふ大分の事務所となった部屋
(Special thanks ぐっどらいふ大分 代表 丸子博司氏)

ただし、リスク回避についてはそれなりに手を打っていた。タクシーを呼ぶのもそうだし、ふたりで1世帯というのもそのためだ。ひとりになにかあっても、もうひとりが電話で救急車を呼ぶこともできるし、助けを呼ぶこともできる。これがひとりだったら、車いすから落ちて、発見するのが遅ければ命の危険性もあるわけで。そしてちょうど電話機もコードレスフォンが出ていたので、コードレスフォンを膝の上に乗せて、なにかあったら電話ができるようにもしていた。

もちろん大変なこともいっぱいあった。トイレを失敗して何度も風呂に入ったり、トイレと風呂で日が暮れるなんてこともあった。住んでいる仲間の中には、トイレに6時間という奴もいた。一日の4分の1をトイレで過ごしていたわけだ。福祉制度が整っている今にして思うと、無謀この上ない話である。

この時代、重度の障害者は施設生活か、あるいは実家で親が生涯面倒をみるというのが常識だった。今になって考えると、俺たちが始めたことは、家族、施設からの自立、そして社会での自立への扉をこじ開ける作業だったのかも知れない。施設の中で、これからの人生を過ごすことからの脱出だった。かつて若き漫画家が集まり暮らしたトキハ荘みたいなものだったのかも知れない。若さ故にできたことなんだろうな。でも、これが自立生活の黎明期、10年、いや20年先の礎であったことは間違いないことなのだ。

車いすでねるとんパーティー参加

その頃、俺は自分で開発した集尿器や介護用品の販売会社、有限会社ヘルプメイトグループを経営していた。しかし、それでもなかなか余裕で食べていけるほど儲かりはしなかった。有限会社ヘルプメイトグループは、友達何人かと出資してつくった。実はこの事業は、重度センターにいた頃からこっそりやっていた販売システムだった。重度センターにいるときに考案した集尿器で、実用新案特許を申請したものを工場で大量につくってもらって、それを欲しいという奴に分けていた。いや、販売していたのだ。それとベッドや車いす用グローブなど、重度の障害者でも使いやすいと思うものを仕入れて、それを知り合いなどに販売する。インターネットはまだ当時はなかったから、ほとんど口コミや電話で注文を受けての販売だった。

そんなときにテレビで、とんねるずのねるとんパーティーというのがあって、それをモチーフに民間のイベント会社が男性と女性を集めてパーティーを企画し利益をあげていることを知った。俺はアパートの中のメンバーのひとりと一緒に、そのねるとんパーティーに参加してノウハウを学んだ。５回くらい参加しただろうか。どういう人たちが参加しているかというと、男性は女性を口説くのが上手い奴か、全然女性に縁のない奴、女性は真剣に出会いを求めて参加している人もいるけど、安くて旨いものが食べられるということで参加しているという人も多かった。料金体系は男性が５０００円で女性が２０００円とか１０００円、つまり女性が参加しやすいシステムになっていて、その分を男性が補う仕組み。会場はホテルや喫茶店や飲み屋さんだったりで、少なくて20人、多いところで１００人くらいは集まっていた。ちょうど俺も彼女がいなかったので、そんな中の50対50のパーティーでカップルになって1年間付き合った。

そのときの経緯はこうだ。50対50で気に入ったひとりの番号を書いてカップルを成立させるというパーティーだったのだが、これを確率的に言うと、50×50、つまり

2500分の1の確率でカップルができるわけだ。当然、簡単にカップルになれるわけではない。そこで俺がとった作戦は、一番最後のテーブルで気に入った女の子に宣戦布告をするというものだ。

「私はあなたのことを気に入りました。私はあなたを書きます。もしよかったら書いてください」

と。こうすれば一気に確率は2分の1になる。その彼女は俺の番号を書いてくれ、カップル成立となった。ちなみにそのときのカップル成立は5組だった。

そうやって5回、ねるとんパーティーを経験した後、自分たちでねるとんパーティーを開いて稼ぐようになった。ディスコを貸し切ったり、飲み屋を貸し切ったりし、知り合いに片っ端から電話をして、メンバーを集める。うちのねるとんパーティーの特徴は、車いすの参加者に扉が開かれていたということだ。そういえば俺が行った5回のねるとんパーティーには、車いすというか障害者で参加していたのは俺と友達だけだった。ねるとんパーティーに来たメンバーも車いすの参加者がいてびっくりしたと思う。

このねるとん企画も、そこそこ儲かりはしたのだが、段々とそのパーティー自体が廃れていった。一度、ヒットパレードクラブを貸し切って１００人のパーティーを企画したのだが、運悪く女性にドタキャンが15名くらいあって、結局、司会者の司会料３万円、これが赤字になってしまった。これが引き際のサインと思い、この事業から潔く撤退した。世間の流行を敏感に感じ、乗るときは乗る、引くときは引く、この感覚が大切なのだ。

まちづくりネットワークとＮＰＯ設立

インターネットが段々と整備され、メーリングリストで多くの人と会話が楽しめるようになった。別府八湯メーリングリスト（後にまちづくりの団体に発展していくネットワークでもあった）という、別府の地域に根差したメーリングリストに参加し、いろんな人とも交流を広げていった。その中で俺たちはバリアフリーの探検をすることを企画し、飲食店の副社長が名前を考えてくれた。その名も「グレート・バリアフリー探検隊」。グレート・バリア・リーフを文字ったもので、とてもいいネーミングで気に入った。グレート・バリアフリー探検隊では、建設会社や飲食店の社長、いろんな職業の人たちが集まって、街のバリアフリーの検証をする。車いすや視覚障害者体験などを通して、健常者も車いすに乗ってみる。すると、道路が片勾配になっていたり、ちょっとした段差が上がれなかったり、こんなに大変なんだねと驚いてくれる人も多い。

その中から自然発生する形で「自立生活センターおおいた」という障害者団体をつくった。障害者の雇用もして、バリアフリーのコンサルタントや介護用品の販売をしながら、運営していこうと思っていた。介助の方も全然使えない状態から、社会福祉協議会というところから週に1回2時間、ヘルパーを派遣してもらえるようになった。それと並行して訪問看護もお願いし、看護師さんがバイタルのチェックや褥瘡《じょくそう》などの原因となる傷ができていないかなどを診てくれるようになった。そうして、訪問看護が週1回、社協のヘルパーが週1回2時間来てくれるようになり、掃除やシーツ交換などをしてもらった。社協のヘルパーはその後、週2回各2時間ずつ来てもらえるように変わり、そのあたりから徐々に介助制度が利用できるようになっていった。

その後、措置費というものが付くようになり、民間でも法人格があれば、介護者派遣ができるように制度が変わってきた。そうして２００２年1月に、ＮＰＯ法人自立支援センターおおいた（http://www.jp999.com/333/）を設立した。自立生活センターでピア・カウンセリングや自立生活プログラムをし、自立した後に自立支援センターおおいたでヘルパーを使って自立生活を送る。ピア・カウンセリングや自立生活プログラムに対しては報酬をとることができない。言わばボランティアの部分である。それで、自立した後にヘルパーを使ってもらうことで、運営費を稼ぎ、また

ＮＰＯ法人自立支援センターおおいたのロゴマーク

自立する人を増やしていく。この方法で施設や親元から離れ、一人暮らしがしたいという人を自立させていく。こうして自立する障害者を仕事と生活両面で支援する仕組みができていった。

ピア・カウンセリングとは

ピア・カウンセリングは１９７０年代初め、アメリカで始まった自立生活運動の中でスタートした。自立生活運動は、障害を持つ当事者自身が自己決定権や自己選択権を育て合い、支え合って、隔離されることなく、平等に社会参加していくことを目指している。ピア・カウンセリングとは、自立生活運動における仲間（ピア）への基本姿勢のようなものだ。ピア・カウンセリングでは、お互いに平等な立場で話を聞き合い、きめ細かなサポートによって、地域での自立生活を実現する手助けをする。ピア・

カウンセリングの役割には、大きくわけるとふたつの側面がある。

①精神的サポート

「ありのままのあなたでいいよ」というメッセージ。お互いを尊重しあう。

・自己信頼を回復するためのサポート
・権利擁護、意識確立のサポート
・施設や親元から独立するためのサポート
・性やセクシャリティについての悩みに対するサポート
・その他対人関係等、自立生活全般に必要な精神的サポート

②自立のための情報提供

・住宅探し、情報提供と改造等の相談
・所得保障に関する相談、情報提供
・仕事、職業に関する相談、情報提供

・介助に関するさまざまな情報提供
・余暇、旅行、レジャー情報提供
・その他、自立生活に関する全般的情報提供および相談

以上のような相談に応じる障害者を、ピア・カウンセラーと呼んでいる。自立支援センターおおいたが提唱するピア・カウンセラーは、単なるアドバイザーではない。当事者のことをもっともよく理解しているのは、その人自身であるという人間信頼、自己信頼にのっとった立場に立っている。平等に、対等に、力と時間を使い、自立生活の実現のサポートをしている。

自立生活プログラム

自立生活プログラム（ＩＬＰ）とは、障害者が自立生活に必要な心構えや技術を学ぶ場、つまり障害者と健常者が共に生きる場をつくるために、まず「障害者自身が力をつけていく場」だ。施設や在宅の閉鎖的な場所で暮らしてきた障害者が、社会の中で自立生活をしていくときに、先輩の障害者から生活技能を学ぶためにつくられた、障害者文化の伝達の場ともいえる。生活技能とは、対人関係のつくり方、介助者との接し方、住宅、性について、健康管理、トラブルの処理方法、金銭管理、調理、危機管理、社会資源の使い方、などだ。

各プログラムの内容は対象者の目標によって決める。具体的には、「介助者との関係の築き方」や「制度の使いこなし方」、「指示を出して好きな料理をつくる」、「ソィールドトリップ（外出プログラム）」など、自立生活に必要なあらゆることがプログラムとして提供される。プログラムの形態は、個人プログラム、グループプログラムの2種類がある。また、3～5回程度の短期プログラムと、12～15回で3か月以上かかる長期プログラムとがある。参加対象者の生活経験や年齢、障害の種類などを考慮してさまざまな内容のものが企画される。ＩＬＰのリーダーは障害をもつ当事者が担当するので、安心して相談、質問ができる。

ピア・カウンセリングの力

農協リハにいた頃、重度の頸椎損傷の青年がいた。高校3年のときに、川での水難事故で頸椎損傷になった。俺らは比較的、なんとか頑張れば自分で自分のことができるようになったが、彼はなかなか頑張っても自分で自分の身の周りのことができるようにはならなかった。車いすを少しこぐのがやっとだ。病院から施設に入ることもなく、家族のいる実家に帰っていった。まだ俺が重度センターにいたとき、彼を訪ねていって、外に出よう、一人暮らしを始めようと誘ったのだが、彼は頑なに外に出ようとはしなかった。

そんなある日、半ば強引に彼をピア・カウンセリングに誘ってみた。その中で自分の思っていることを相手に吐き出すことによって、自分がどうしていきたいかというのを見つめ直すことができたのだろう。それまでは介助はほとんど、家族の介助だったのだが、ピア・カウンセリングに参加し、自立生活プログラムを受けていくうちに、どんどん気持ちが前向きに変わっていき、どんどんと外に出て行くようになった。そして自立支援センターおおいたで働きながら、今度は自分がピア・カウンセリングや自立生活プログラムを通して、他の障害者の自立支援の応援ができるようになっていった。彼の劇的な変化は、俺にピア・カウンセリングや自立生活プログラムの持っている圧倒的な力を感じさせてくれた。

ヒロシの自立

ある男性の障害者を紹介しよう。彼は重度センターに16歳で入ってきたヒロシという青年だった。煙草を吸い酒を飲む、ちょっとやんちゃな弟。まあ弟といっても相当歳は離れているのだが。俺がサクセスハイツマルコに住んで、ちょうど自立支援センターを立ち上げた頃、彼は「太陽の家」の厚生援護施設にいた。昼間は福祉工場で作業をして、それ以外の時間は寮の中で生活をしていた。酒を飲むのが好きで、よくその太陽の家の中にある食堂で夜、飲んでいた。ときどき、俺も遊びに行っては一緒に酒を飲みながら、昔の思い出話などをしていた。そんな中で彼が、

「米倉さんはサクセスハイツマルコで自立生活をしているけど、楽しいですか?」

と、聞いてきたことがある。

「まあ、なかなか大変な生活だけど、自分の好きなときに起きて、自分の好きなときに食事もできる。風呂にも入れるし、Hなビデオも観れる。なかなか儲からないけど仕事もしているよ」

そんな話を返したように記憶している。それから何回も会って話をしているうちに、

「俺もアパートで一人暮らしをしてみたい」

と、言い始めた。一人暮らしをする覚悟があれば、障害者の自立を支援しているから

協力するよということで、ピア・カウンセリングと自立生活プログラムを受けてもらうようになった。彼は自立したいという気持ちが強かったので、ピア・カウンセリングよりもどちらかというと、自立生活プログラムが中心だった。

どういう仕事をして稼ぎ、どういうところに住むか。その頃、サクセスハイツマルコはもう一杯だったので、まずは家探しを考えた。しかし、別府でもいろいろ探したのだが、なかなか見つからない。その頃、大分にも自立支援センターの出張所を造ろうという話もあったので、一戸建てを探して、半分を事務所に、半分を彼の住宅にすることを考えた。

自立支援の中でいつもネックとなる、このアパート探しのことをもう少し話そう。まず自立生活を始めるには住むところが必要になる。ところが、アパートやマンションで探しても、段差があるところも多く、なかなか見つからない。段差が差ほどない、広さもいいなと思っても、例えば大家が貸すことを渋ったりすることもある。障害者が車いすで生活をするとなると、一筋縄ではいかないのは分かってもいる。その中で思いついたのが、一戸建て形式のアパート、これで平屋を探すことだった。築年数が結構経っているものも多いが、こうした物件の利点は、ベランダの方からスロープを取り付けることができることだ。スロープであったり、リフトであったり、少々改造にお金はかかるが、これであれば、ベランダのサッシ部分から出入りができるので、段差はあまり関係なくなる。次に難しいのがトイレと風呂。トイレと風呂は基本的にはとても狭く、決まったサイズになっている。例えばトイレの場合、トイレの横に押入れくらいのスペースがあれば、それと一緒にして広いお座敷トイレに改造もできる。お風呂は浴槽につかることは諦めて、入口から浴槽全体を車いすの高さにしてシャワーだけで使うようにする。そういうことができる平屋のアパートを探し、彼の住宅もそんな中から見つけた。とても静かで使い勝手のいい住宅だ。

彼には大分市のその住宅兼出張所で、昼間はパソコンを使って仕事をしてもらう。ホームページづくりや、パソコンを使ったデスクワークをしてもらった。彼は酒が好きで、仕事が終わった後は毎晩のように晩酌をしていて、太陽の家の友達などもよくその大分の事務所に遊びに来ていた。俺らもときどき、遊びに行って一緒に飲んだりしたのを覚えている。ところが、ある日を境に体調が悪いとたまに話すようになった。

俺は飲み過ぎのせいではないかと、お酒を控えるように言っていたのだが、なかなかやめることはできなかったようだ。

そして、ある朝、ヘルパーから突然電話がかかってきた。彼が返事をしない、なにかおかしいという内容であった。急いで救急車を呼ぶように伝え、俺たちはスタッフ４、５人で、救急車が向かった病院に駆け付けた。病院に着くと、彼の顔には白い布がかけられ静かに眠っていた。白い布をまくって顔を見ると、涙が止めどなくあふれてきた。この若さでなぜ……。医師の話では心不全で亡くなったという。安らかな表情で眠るように亡くなったという。

彼は、自己選択、自己決定、自己責任で自立生活をまっとうした。自立生活をしなければ、酒を飲み過ぎず、もっと長生きができたのかもしれない。俺が一人暮らしを勧めたからなのかと自責の念を抱いていた。ヒロシの父親とお会いしたときにその話になったが、施設にいても同じ行動を取っただろうということになった。ときどき、お父さんに電話して、自立生活の楽しさを話していたそうだ。それを聞いて少し心が軽くなった。ヒロシの死は、ひとりで暮らすことのリスクとして、障害者、健常者を問わず考えさせられる出来事だった。

エリの自立

次は女性の障害者を紹介しよう。彼女はとても積極的なエリという子だった。俺に娘がいたらこれくらいの歳だろうか。美人な顔立ちで、うちの自立生活センターのことは東京にいたときから知っていたそうだ。そして別府重度障害者センターに入り、サクセスハイツマルコに彼女は自分から訪ねて来た。そして、

「私は自立生活がしたい」

と、熱く自分の想いを語ってくれた。ちょうどユニバーサルマンションの建設の話が進んでいた時期でもあった。就職試験に受かれば、ユニバーサルマンションに住んで自立生活をスタートするのもいいのではないかということで、彼女のピア・カウンセ

リングと自立生活プログラムが始まった。

　とても元気がよくて、ピア・カウンセリングにも積極的に参加し、自立生活プログラムもしっかりと消化していった。彼女の場合、アパートを見つけることは、うちに就職すれば必要なかったので、自立生活プログラムは比較的に楽だった。プログラムの中心に置いたのは、ヘルパーとの人間関係、ヘルパーの使い方だった。自己選択、自己決定、自己責任の考え方もよく理解してくれて、ヘルパーと一緒に料理をつくったり、身体介護をしてもらったり、家事介護をしてもらうという訓練を続けた。

　そして、ユニバーサルマンションが完成し、自立生活センターおおいたの入社試験に合格し、うちのスタッフとなって念願の自立生活を送るようになった。最初のうちは、就寝時間などでヘルパーとの揉め事も若干あったが、そんなこともすぐに乗り越え、自立支援センターおおいたのアイドル的存在となって、いつも職場を明るく楽しいものにしてくれた。俺のことはボスと呼んでくれて、矢沢永吉のコンサートにも何度か一緒に行った。

　障害者が親元や施設を離れて自立生活を始めるためには、必ず、あの人のように生活したい、あの人のように働きたいと思うようなロールモデルとなる障害者が必要となる。これから、女性障害者が自立生活を思い描いてセンターを訪ねて来たとき、彼女こそが一番のロールモデルに育ってくれるに違いないと思ったものだ。

施設生活と自立生活、どっちがいいの?

今でも、収入がないから施設にいるという人が多い。しかし、その中には自分の身の周りのことはほとんど自分でできるという人もいる。ただ、働く場がない。そして、療護施設に入ると、利用者1人に付き毎月30万円から50万円が施設運営経費として、税金から施設側に支払われる。例えば、この利用者たちが一人暮らしをしたらどうだろう。

当然、年金だけでは8万円くらいしかないから、それでは生活ができない。生活保護をもらうと、７万円プラスされて15万円になる。15万円でアパートを借り、自分で生活をすれば最低限の生活はできる。それに施設に入っていると最低でも30万円プラス年金が８万円、合計38万円かかっていたことが15万円で済むことになる。こういう介助のいらない障害者が５人自立すれば、24時間の介護が必要な人がひとり自立し、地域の中で暮らしていける。施設の生活と生活保護での一人暮らしをするのと、どちが本人にとって幸せだろうか。中には施設できっちり生活を管理してもらった方がいいという人もいるだろう。

でも施設での共同生活は、食事をとる時間、食事のメニュー、お風呂に入る時間、寝る時間、すべてが管理されたものとなる。一人暮らしであれば、いつ食事をするか、いつ風呂に入るか、いつ寝るか、すべてが自由である。仕事だってできるかも知れない。作業所に行って月に１万円、２万円を稼ぐことだってできるだろう。親兄弟の反対は多いが、本当は施設にいるよりも、生活保護で自立生活を送った方が税金はかからないのだ。

しかし、こういうことを教えてくれる人は誰もいない。生活保護をもらうと言った

途端に、

「そんな社会に迷惑をかけるようなことをして」

と、言われるが、施設での生活の方がよっぽど迷惑がかかっていることを知っている人は少ない。なにより一番の問題は、どこで生活をするか、それを自分で選択できない、ということである。だから俺たちが取り組んでいるピア・カウンセリングや自立生活プログラムでは、生活の場所や手段には、いろんな方法や選択肢があるということを教えている。

あるとき、呼吸器を着けた状態で一人暮らしをしたいという人に出会った。その人は、*喀痰《かくたん》吸引が常に必要なため24時間の介護が必要で、行政との交渉を5年にわたり続けていた。しかし、どうしても行政が、一人暮らしに必要な24時間の介護のＯＫを出してくれないという。そういうときに俺たちの団体と繋がりができた。俺たちは行政との時間交渉に毎週一緒に通った。そして半年後、彼は24時間の介護時間を掴み、一人暮らしができるようになった。あれからもう9年くらい経つだろうか。彼は今も24時間の介護をつけて活き活きと一人暮らしを続けている。

＊喀痰吸引：吸引装置を使用して痰を吸引、排痰を行うこと。

行政が考える自立生活

話は前後するが聞いてほしい。ＮＰＯ法人自立支援センターおおいたは、２００２年に障害者ふたりと健常者ふたりでスタートした。そしてピア・カウンセリングやＩＬＰ（自立生活プログラム）を勉強しに東京まで通った。ほぼ毎月、上京していたような気がする。初めの頃は行政もなかなか自立生活運動や自立生活プログラムについては分かってくれなかった。

「そんな危ないことせずに施設に入っていればいいじゃないか」

「施設なんて、週に２回お風呂に入れればいい方だよ」

「なんで毎日お風呂に入らなくちゃいけないの」
などと、平気で言い返して来るのである。では、あなたたちはどうなんだ。市役所の職員のあなたは、毎日好きなときに風呂に入っているのではないか。もしかすると、朝シャンや朝風呂に入ってから登庁してきているかも知れない。それが障害者だから、施設では週に2回だからという理由で、お風呂に入る回数まで押しつけられる。やはり他人事なのだ。

ある障害者はしゃべることは自分でできるが、ほとんどの手の機能は使えない。車いすに乗っていても、身体が倒れたら自分で戻すことはできない。それでも市役所は呼吸器を付けていないと24時間の介護は出せないという。1、2時間ひとりでいても大丈夫でしょうと。今の時代は携帯電話というものがある。その人も携帯電話をなんとか操作をすれば、自分でなんとか電話をかけることはできる。でも、携帯電話が床に落ちたらどうだろう。バランスを崩して車いすから倒れて携帯を落とす。そんな状態で長くいると、血圧は上がり、呼吸が苦しくなり、心臓も苦しくなる。どうやって助けを呼べばいいというのか。そのことを一生懸命に俺たちは訴えるのだが、市役所の職員は、そんなことは起きるか起きないか分からない、大丈夫でしょうと平気で言う。もっと自分がそうなったらと置き換えて考えること、想像してみることはできないのか。

確かに24時間の介護をしようと思ったら行政の財政負担は大きい。ただ、24時間の介護は必要だが、自立しようという意志のある人はそんなにはいない。それは本人もある意味大変だからである。施設にいれば黙っていても食事は出てくるし、朝も起こしてくれる。でも自分ひとりで生活することになれば、何時に起きて、何時にご飯を食べて、なにを食べるのかなど、すべてのことを自分で決めなければならない。でも、それが自由なのである。それが人間らしい生活だと思う。考えなければならない。だから苦労があっても自立した生活がしたいと思うのだ。

障害者の能力に応じた障害者雇用

日本の場合、障害者就労は0か100なのだ。簡単に言うと、まず、寝たきりの人が就労するというのは、今の段階では限りなく0に近いだろう。もちろん特殊な能力があって、ベッドの上で意思伝達装置などを駆使してパソコンを操作し、健常者でもできないような仕事をするという人もいないではない。かのホーキング博士などは、そういう特殊な能力のある人と言えよう。彼は身体を動かすことはほとんどできないが、頭脳という武器で、誰もなし得ないような宇宙の謎に挑んでいる。

日本の就労の場合は、最低賃金が決められ、そして勤務時間も決められ、それに当てはまらないものは就労とは見なされない。だからよく言われる作業所というのは、あくまでも福祉的就労と呼ばれ、一般就労とは一線を画しているわけだ。1日に8時間、週に5日働こうが、一般就労でない以上、最低賃金をクリアする必要はなく、作業所の工賃の全国水準は5千円から1万5千円くらいだろう。この0と100というのが問題で、例えば健常者の80％の作業能力がある人が就職をしたいと思っても、企業としては100％でないわけだから雇用するのを躊躇するわけだ。だからそういう人は福祉工場や作業所でしか仕事をすることができない。この20％の差がすごく大きい。これを例えば、ドイツの保護雇用制度のように、働ける分だけ働いて、働けない部分は保護雇用制度で、まあ言わば障害年金のような形で、年金で払うようにすればもっと就労のチャンスは広がると思う。

例えば、ざっくり言うと、生活保護が15万円くらいだと仮定する。この場合に障害年金の1級であれば、8万円程度の年金が出る。つまり、あと7万円あれば最低限の生活が送れるわけだ。この7万円がないために療護施設や訓練施設から出られないという障害者も多い。例えば企業が一般的な給料を15万円支払っているとする。その半分の仕事ができる人に7万円払いますよということができるようにすれば、健常者の50％しか仕事ができない人も年金と合わせることによって、15万円の収入を得ることができる。15万円の健常者の収入に対して20％しか仕事ができない人は、３万円の収入を得る。そしてその代わりに、年金を12万円にする。もちろん、生活保護と同じ年金であれば、就労意欲がわかないというのであれば、これを17万円と考えて計算してもいいと思う。

要は働ける分だけを会社から報酬としてもらえるようにする。そうすれば働く障害者も自分の能力にあった仕事量をこなせばいいし、企業も能力以上の報酬を払う必要はない。法定雇用率というのがあって、一定の従業員がいる会社（従業員50人以上の会社）は、全従業員の２％の障害者を雇用しなければならない。だから特例子会社をつくって、無理やりそこに障害者を集めてみたり、１００％の能力がなくても、企業イメージを壊すことを嫌って就労させる。しかし働く障害者も自分がそれだけ稼いでいないことが分かっているので、やりがいがなくなったり、企業としても利益に繋がらない従業員を置いておくことでギクシャクしたりする。日本でも保護雇用制度を導入して、仕事の能力に対する対価を払うような制度があってもよいと思う。

【第4章】

夢はユニバーサルデザインの専門学校

障害者だからできる仕事

就労する場合、障害者の就労はいかに健常者の作業能力に近づくかによって、就労できるかが決まる。例えば、下半身が不自由であっても、両手が健常者と同じように使えれば工場のような流れ作業もできるし、パソコンでプログラムを組んだり、数値を打ち込んだりする作業は変わらなくできるだろう。ただ、俺たちのような重度障害者は手もまともに使えない。動く機能としては、肘が曲がる、手首の甲の部分が上を向く、それぐらいしか動かせないのだ。当然、パソコンのキーボードを打つにしても、手に装具を付けてペンなどを挿して、そのペンでひとつずつキーボードを叩いて行く。ホームポジションにブラインドタッチなんてのはどう頑張っても無理。当然、スピードを重視する仕事では健常者や手の使える障害者には敵わない。唯一、勝負できることがあるとすれば、それはデザインセンスであったり、新しいプログラミングを組む能力であったりするのであろう。そんな想いもあって、俺が障害者の就労を考える場合、そういった視点とは別の視点で考えるようにしている。それは障害者だからこそ、障害者の今の自分だからこそ持っている能力、俗に言う「障害力」を使って就労できないだろうかということだ。例えば、最初に俺が立ち上げた有限会社ヘルプメイトグループ、この会社は障害者が必要なものを開発し、障害者が必要なものを仕入れて販売する会社だ。障害者だからこそ、どういう障害者にどういうものが必要かということが分かるわけである。

そして障害者の自立支援にも同じことが言える。俺たちが自立支援センターおおいたでやっている自立支援というのは、重度の障害者でもヘルパーなどを使って、普通の生活ができるということを知ってもらうこと。そして、どういう制度があって、どういうふうに不動産屋と交渉して住宅を改造していくのか、またヘルパーとの付き合い方などを教えていく。これは、重度の障害を持っている俺たちだからこそできることで、たぶん軽度の障害者や健常者の人が言っても心に響かないと思っている。そして自分たちが生活してきた手段や方法、経験というのを伝えて行く。重度の障害者を雇用することによって、自立生活を支援する仕事をしてもらうことが可能となる。

　また、ユニバーサルデザインやバリアフリーのコンサルタントやコーディネート、これについても同じことが言える。重度の障害があるからこそ、どういう構造であれば重度の障害者でも使えるかが分かる。当然、聴覚障害者の方や視覚障害者の方、子供、高齢者の方が、そういうものが使いやすいかを一緒に考える。だからこそ、本当に使いやすい良いものができる。

　*ハートビル法で考えられている数字は、実際に使う上では、使いにくい部分も多い。それはなぜかというと、洋式トイレの便器にしても、ハートビル法では40センチと決まっている。しかし実際に車いすの平均を測ってみると45センチくらいはあるだろう。なぜこういうことが起きるかと言えば、車いすの上に褥瘡予防のクッションを敷くのだが、そのクッションが5センチから10センチくらいはある。この高さというのが考慮されていないのだ。だから車いすからトイレに移るときはいいのだが、トイレから車いすに戻るときに、高くて移れないという障害者も多い。各個人の住宅であれば、

そこに住んでいる人の高さに合わせればいいのだが、公共のトイレであれば、ある程度平均的な高さをとらなければならない。だから例えば多目的トイレが２つとか３つ造れるのであれば、40センチ45センチ50センチと高さを変えて造る必要もあるだろう。

＊ハートビル法：「高齢者、身体障害者等が円滑に利用できる特定建築物の建築の促進に関する法律」の略称で、不特定多数の者が利用する建築物を建築する者に対し、障害者などが円滑に建築物を利用できる措置を講ずることを努力義務として課すもの。

障害者のユニバーサルデザイン専門学校

俺はいつか、ユニバーサルデザイン・コーディネーター養成のための専門学校を創りたいと思っている。障害者の専門学校だ。この学校ではユニバーサルデザインに関するあらゆることを教える。パッケージデザインや標識、ハートビル法、障害者や高齢者が使いやすい住宅、設備、自動車のデザイン、そしてこの専門学校を卒業した者が各企業に就労できるように、しっかりとしたパイプをつくり出口を確保する。就労先はいろんな企業が考えられるだろう。

例えば、今どこの車両メーカーも、車いすが後ろに乗せられる福祉車両をつくっている。しかし、ユーザーの満足するものは少ない。俺から言わせれば、こう工夫すればもっと使いやすいというアイデアはいくつもある。それは俺が大きな電動車いすに乗っていて、実際にリフト車やスロープ車のユーザーだから分かることである。もっとフックを掛けやすくした方がいい、もっとスペースをとった方がいいなど、いろんな点が考えられる。こういう知識を持った障害者を自動車会社が雇用することで、もっと素晴らしい福祉車両が生産されるようになる。

また建設会社であれば、ユニバーサルデザインの生涯住宅、一生涯住める家、ユニバーサルデザインのアパート、ユニバーサルデザインのマンション、ユニバーサルデザインの店舗、ユニバーサルデザインのビル、ユニバーサルデザインの百貨店など、すべての建物に対してユニバーサルデザインをコーディネートすることができる。大きな企業であれば、そういう人を企業の中で、企業全体、企業の建物内のユニバーサルを考える部署に据えることもできる。ドイツではそういう専門学校がある。その専門学校を出た人がハンコを押さないと建築許可が出ないということを聞いたことがある。日本でもぜひ、障害者によるユニバーサルデザインの専門学校を創りたい。

求められるユニバーサルデザイン住宅

うちの事務所と住居が入っているユニバーサルマンションは、俺が建設会社にプレゼンして造ってもらった。造りたいと思って10年かかった。まだ、バリアフリーという言葉さえ社会に浸透していなかった頃だ。会う人毎に、ユニバーサルマンションの素晴らしさを伝え、これからの超高齢化社会では必要だと訴え続けた。何度かいいと

ユニバーサルマンション

ころまで進むのだが、建築主と建築会社と俺の中で食い違いが出てくる。一度は図面までできて、建築主がゴーサインを出すだけという状態までいったのだが、周りの人に障害者を相手に金儲けをしていると思われることを恐れられ、実現できなかった。

ところがある日、紹介していただいた建設会社の社長と出会ったことで事態は急展開する。当時、駐車場として使っていた土地に、ユニバーサルマンションを造ってもいいという話になったのだ。俺がコーディネートを引き受け、1階を屋根付き駐車場、2階を事務所、2階から5階を2DK6室、6階7階で1DK6室。エレベーターもストレッチャーの乗れるサイズで、車いすでも押しやすい位置にボタンがある。各住居の入り口のドアはスライド式で電子錠付き、入口や室内はオールフラット。トイレと浴室も車いすで使える十分な広さ。台所の流しや洗面所も、車いすでも足の入る構造にした。画期的だったこともあり、ＮＨＫをはじめ多くのテレビや新聞などのマスコミに取り上げられた。

しかし、就労している障害者でないとなかなかユニバーサルマンションの家賃を払うのは難しい。どうしても一般のマンションよりも造るコストが高くなるため、家賃も高くなる。そこで考えたのがユニバーサルデザインのシェアハウス、お風呂と台所など共有スペースをシェアすることで家賃を下げることだ。各個人の部屋はひとつずつあって、そこにトイレと洗面所と生活できる部屋をつくる。台所、応接間などはシェアする。お風呂もシェアする。例えば、コストを下げようと思えば、二階建てのアパート形式にして、１階を障害者、２階を学生などの健常者が入れるようにするという方法もあるだろう。こうすることで家賃を抑え、また、施設や親元から出たばかりのまだ完全に一人暮らしをする自信がない障害者が、そこで生活し、何年か経過してから一人暮らしのアパートを借りるということも可能になると思う。

こういったユニバーサルマンション、これはどんどん造っていってほしいと思う。ユニバーサルアパートでもいい。なぜなら、超高齢化社会を目前に控えた今、そういう住宅がどんどん求められているからだ。しかし、県営住宅にしても市営住宅にしても、1階の一部だけがそういう住宅になっているものばかりで、全体がユニバーサルデザインになっているところはほとんどない。以前、団地と呼ばれるエレベーターのない4階建ての建物がいくつも造られたが、今どういう状況だろう。ほとんどがゴーストタウン化している。それは若いときはよくても、高齢者になって足腰が弱くなり、杖をつく、さらには車いすになったりすれば、2階から上の部屋には住めなくなるからだ。1階でも階段があればもう住めない。そういう団地はまだ多い。

今、建設されているマンションにしても、先々トイレを広げることもできなければ、風呂を広げることもできない。若いときに買ったマンションが60歳、70歳になっても使えるだろうか。もし使えなくなると考えた場合、そのマンションは改造すれば車いすでも使えるようになるだろうか。迫りくる高齢化の現実は、やがてそのときが来るまでは皆、他人事なのかも知れない。

したがって、そこまで考えてマンションを購入している人はそんなにはいないだろう。しかし、医療の進歩と共に寿命も延び、そして、最低5か月から長ければ10年、寝たきりになる可能性があるという。さらに、寝たきりになる前は、当然、車いすを使う場面もあるわけだ。若いとき、マンションを買うときから老後のことを考えて、しっかりとしたユニバーサルマンションを買うべきなのだ。これからは賃貸、分譲、それぞれにユニバーサルデザインを考慮したものを建てていかなければ、老後の預貯金や僅かばかりの年金では乗り越えられない大きな出費が待っている。

生涯住宅というのが一時期流行った。生涯住める家だ。なにも難しいことはなく、初めからユニバーサルデザインで造っておけばよいことだ。家の前に階段など付けず、フラットで通すか、スロープを付ける。お風呂やトイレのスペースを広く確保しておき、入口はスライドドア。引き戸でも今は自動ドアや軽く使えるものも出ている。そして通路を広くとる。要はこれだけでユニバーサルデザインの生涯住宅ができあがるわけだ。ただ、どうしても日本は土地が狭い。価格も高い。トイレや風呂にそういう大きなスペースを取りたくないという人もいる。そういう人は、狭く造っておいて、いざとなったら壁がぶち抜ける構造にしておくべきだ。普通のトイレの広さで、隣を物置きかなにかにしておいて、必要になったときにその壁を取り外して広くすればいいわけだ。お風呂はそういうわけにはいかないだろうが、広い風呂というのは家族と一緒に入れたり、とても気持ちいいものだ。このぐらいは狭いお風呂ではなく、少し贅沢してもいいのではないだろうか。大手住宅メーカーと共同で、こういう住宅を造ってみたい。

もちろんユニバーサルマンションやシェアハウスも一緒だ。建設するノウハウは住宅メーカーが持っているであろうから、俺や自立支援センターおおいたは、どういう構造にすれば高齢者や障害者が使いやすいか、その部分を設計士と一緒に考えてコーディネートしていくわけだ、若干コーディネート料が高くなったとしても、それは将来のことを考えればずっと得なのである。今はまだ障害者だから、高齢者だから、なにかあると危ないからと、アパートを貸さない、マンションを貸さないという人も多いかも知れない。だが、これだけ高齢者が多くなるとそういうことを言っていては、賃貸業はままならないだろう。であれば、安全に使えるユニバーサルアパートやユニバーサルマンションを造って、他の住宅メーカーより一歩先に出ることが必要だと考える。

ユニバーサルデザインの街や店舗

もう今からのお店はすべてユニバーサルデザインにするべきだ。飲食店もそうだし、洋服店であっても、雑貨屋でも。なぜなら先にも言ったように、超高齢化社会では、人口の20～25％は高齢者だ。そこでオーナーたちはこう聞いてくる。「ユニバーサルデザインにしたら何人の方が来ますか」と。

ここで考えてほしい。例えば、A店、B店という美味しい中華料理屋があるとする。味のレベルは同じくらい、サービスも同じくらい。しかしA店には車いすに対応したテーブルがあったり、車いすで使えるトイレがあり、入口に段差もない。俺は見ての通り電動車いすに乗った障害者だ。俺が20人の健常者の友達と中華料理を食べながら酒が飲みたいなと思ったとする。A店とB店のどちらを選ぶだろうか。答えは言うまでもないが、つまり車いす対応などのユニバーサルデザインにすることによって、設備を使う人はひとりかも知れないが、その他大勢がもれなく付いてくる。これは家族で考えても一緒だ。例えば、家にいれば、お爺ちゃんお婆ちゃんが使えるトイレもあり、テーブルもある。だけど一歩、街中に出て中華料理が食べたい、日本料理が食べたい、ラーメンが食べたい、お好み焼きが食べたい、と思ったときにそういう設備がある店がなければ、まず家から出ようとさえしないだろう。寿司屋の出前、テイクアウトで我慢しなさいというのだろうか。でも、そういう店があれば、家族はお爺ちゃんお婆ちゃんを月に1回くらいは連れて行きたいと思うのではないだろうか。家族4人かも知れない、6人かも知れない。親族あわせて10人かも知れない。つまりユニバーサルデザインにするということは、そういう新しいお客さんの取り込みにつながるのである。

車いすの飲んだくれ

自立生活を始めて、友達とよく飲みに行った。そこは居酒屋であったり、スナックであったり、ラウンジであったり、クラブであったりするのだが、まずどこへ行っても車いすで使えるトイレというのはほとんどなかった。たまに車いすの頭だけ突っ込めるところはあったが、ドアまで完全に閉められるトイレというのはなかった。だから飲むお酒もビールなどを飲むとトイレが近くなるので、ウイスキーのバーボンをロックで飲んでいた。トイレは集尿器という袋に貯めたり、途中から自己導尿に変わったりした。ときにはビルの隅の方でしたりもしたが、その頃、車いすで使えるトイレと言えば、公園くらいしかなかった。

例えば繁華街で飲んでいて、トイレに行こうと思えば、五百メートル離れた公園が一番近い。そのとき、わざわざトイレに行くだろうか。男性の車いすなら、さっきも言ったように物陰で、ちょっと用を足すことも可能かもしれない。相当に恥ずかしいが。しかし女性の車いすは、そういうわけにはいかない。だから、夜の繁華街で、女性の車いすを見ることは少ない。なんで商店街に、ビルの中に、公共の多目的トイレがないのか考えた。でも、その頃はいくら俺らが訴えようと簡単に変わることはなかった。

しかし、中には一緒に飲んでいて、そこを分かってくれるオーナーも現れてきた。ヒットパレードクラブ、別府では有名なオールディーズの生バンドが聞ける150人くらいが入るお店だ。そこの社長と知り合いになり、トイレを造ってもらった。これはとても画期的だった。飲んでいて店の中にトイレがあるというのがどれだけ障害者にありがたいか。ヒットパレードクラブにユニバーサルなトイレを造ったことで、日本最大の障害者雇用を誇る「太陽の家」の人たちがこぞって訪れるようになった。それはそうだろう。ライブを聞きながら美味しいお酒や料理を食べられる。太陽の家には関連会社だけでも何社もある。そしてその中には何百人という車いすの従業員がいるわけだ。そうなれば当然、会社の飲み会、歓送迎会で利用するようになる。お客が増えるのは至極、当然なことだ。ぜひともこれからお店を造るのであれば、ユニバーサルデザインにしてほしい。

そして既存の店が多いところ、狭くてどうしようもないところは、地域にひとつはユニバーサルデザインの公共トイレを造ろう。別府の商店街にも２箇所できた。だが、大分市の商店街はどうだろう。車いすの公共トイレがあるだろうか。ハートビル法で大型店舗やビルには多目的トイレを設けるという法律がある。しかし、あの広い商店街の中に、どこにも広いトイレがなければ、そこで食事をするとき、酒を飲むとき、困るのは当り前のことである。各店舗が無理であれば、地域の中にひとつはそういう公共トイレを造ってほしい。

それから飲みに行くところでトイレを広げてくれるところが少しずつできてきた。クラブバカラもそうだ。完璧な車いす対応トイレではないが、車いすがトイレの中まで入る。これだけでも車いすを使う人にとってはとてもありがたいことだ。

ユニバーサルデザインホテル

もうこの話を始めて20年くらいになるだろうか。別府に住み始めてからずっと思っていることだ。この頃、やっとホテルの中に1部屋か2部屋、ハンディキャップルームというものがあるホテルができてきた。確かに全然ないよりは格段によくなった。しかし設備は俺から言わせるとまだ全然不十分だ。軽度の障害がある車いすユーザーにしか対応できていない。もっと工夫をすれば重度の障害者でも使えるハンディキャップルームになるのに。しかしもっというなら、やはり全館ユニバーサルデザインのホテルを造るべきだ。ユニバーサルデザインと言ってもそんなに難しいことではない。まずはトイレ、お風呂の広さを確保すること。すのこを上手く使って、軽度でも重度でも健常者でも使えるような設備にする。ベッドも、できればリクライニング機能のついたベッドがいい。もちろん病院にあるような介護用ベッドではダメだ。今、セミダブルの健常者が使うようなリクライニングベッドはいくつも商品化されている。それを使うことでデザインを壊すことなく、ユニバーサルルームができる。もちろん一般のビジネスホテルよりは料金が高くなるのは当然だ。

でも旅行に行くことを考えてほしい。ビジネスホテルに泊って安い旅行をしたいという人もいるだろう。しかし、高齢者、障害者がそういつも旅行に行くわけではない。旅行に行くときに、不自由な思いはしたくない。自宅にいればリクライニングベッドもあり、自分で使えるトイレもお風呂もあるという生活をしていて、それで旅行先に行ったら普通のベッド。お風呂も入れません、トイレも使えません、そんな状態で誰が旅行に行きたいと思うだろうか。新幹線にも車いす専用の個室や車いすでいれるスペースができたり、どんどん良くなっている。

しかし、旅行に行った先で不便な思いをするのであれば、初めから旅行に行こうとは考えないだろう。そして、全館がユニバーサルデザインであれば、老人ホームや障害者施設の慰安旅行などにも対応できる。ヘルパーが必要であれば、今、自立支援センターおおいたがやっているバリアフリー観光センターに頼めば、単発の介助者も紹介することもできる。自宅から最寄りの駅まで来てもらえば、そこに迎えに行くこともできるし、お風呂やトイレや食事、ベッドへの移動、必要なときだけにヘルパーを雇うこともできる。これを自宅から連れて行こうと思えば、当然、自宅からの介護料、そして、旅費、交通費や宿泊費、食事代も必要になるかも知れない。でも、現地で必要な分だけ調達できれば、格段に安くて済む。

さらに家族旅行で考えた場合はどうだろう。例えば旅行に車いすのお婆ちゃんを連れて、家族で旅行しましょうといった場合に、家族がお婆ちゃんの介助をすることを考えると、たぶん旅行の楽しみは半減するのではないだろうか。設備が整っている、ユニバーサルデザインでできている。そして介助者が使える。こういう状況があれば、旅行に行こうと思わないだろうか。そういうことが不便で旅行に行かない高齢者、障害者は日本中に数えきれないほどいるだろう。当然、海外からもそういう高齢者や障害者が日本に来てくれるためには、これからのホテルはユニバーサルデザインで造らなくてはダメなのだ。

今俺は、一組限定ユニバーサルデザイン温泉宿を造ろうとしている。別荘風の一戸建てを建て、セミダブルのユニバーサルデザインリクライニングベッドを２台置き、ベッド用リフトをつける。温泉は源泉かけ流しで、ストレッチャーでも入れる広さにし、専用リフト付。庭では大勢でバーベキューも楽しめるパノラマ眺望の宿だ。

ユニバーサルデザインコンサルタントの実績

自立支援センターおおいたで俺がコンサルタントしたものがいくつかある。まずはべっぷ野上本館という旅館の家族風呂。車いすの座面の高さに洗い場が造ってあり、そのまま取り着いて入浴ができる。オーナーが天然の石をくり抜いたものにこだわったので、そこは傷をつくらないように少し気をつけなくてはならないが、バスマットなどで対応すれば大丈夫。源泉かけ流しの半露天風呂だ。

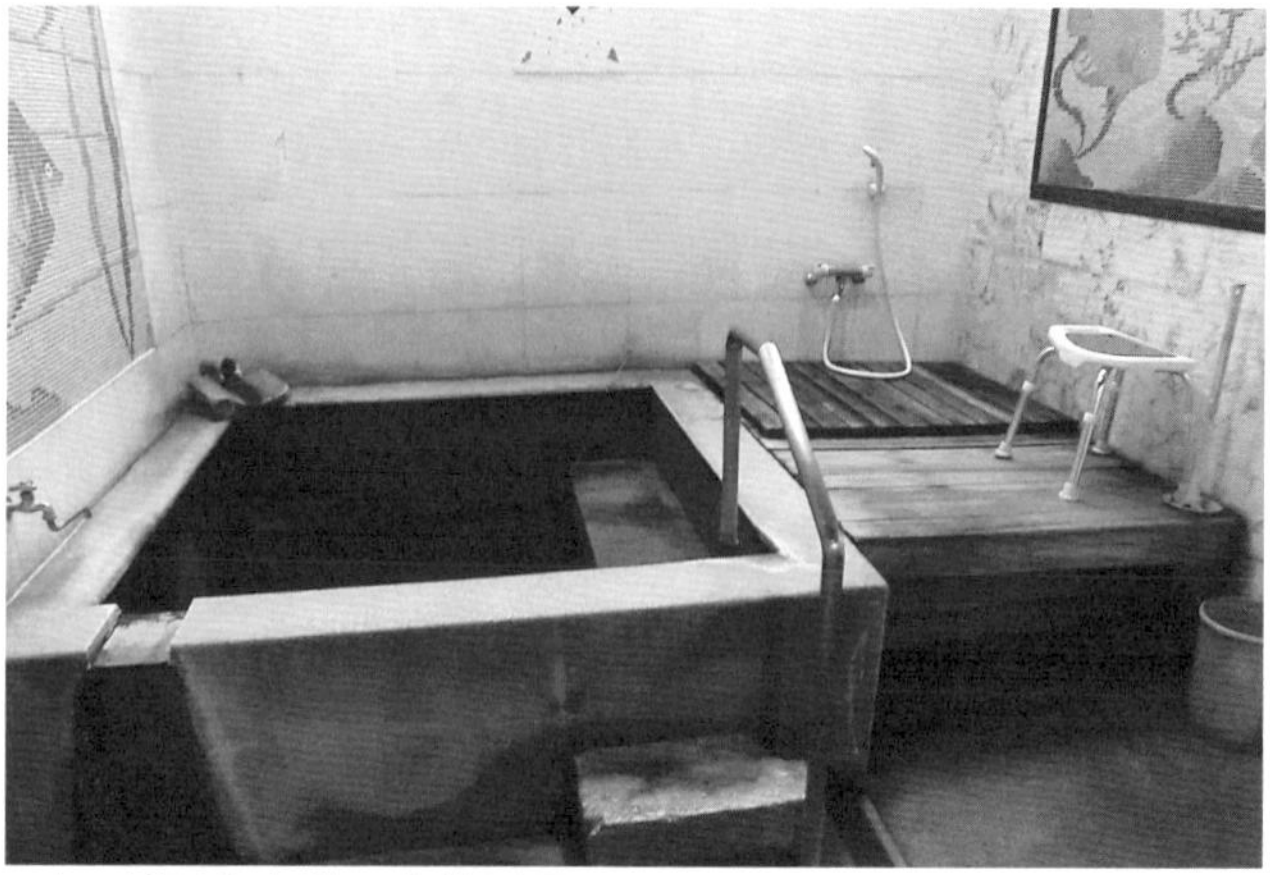

べっぷ野上本館の家族風呂

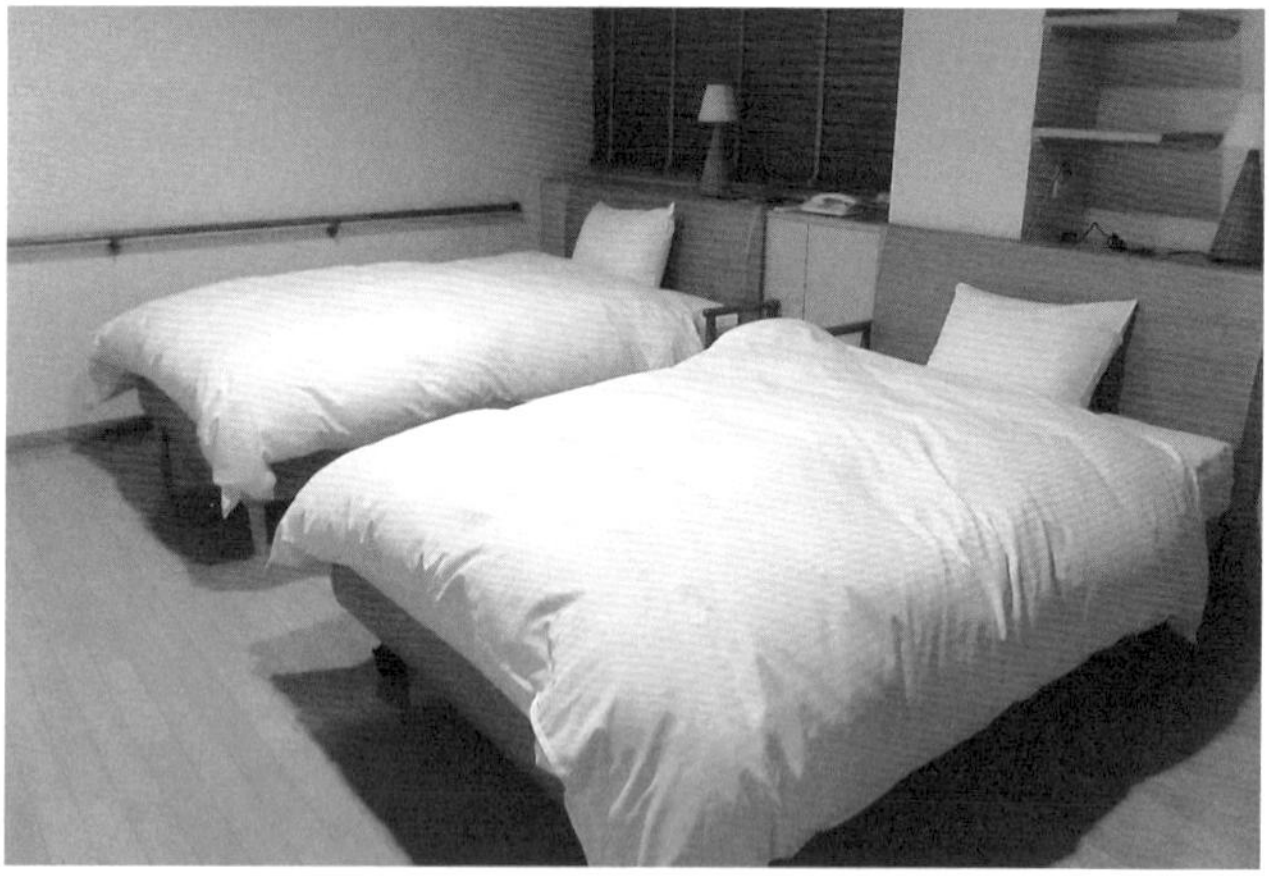

ゆわいの宿竹の井ホテルのセミダブルリクライニングベッド

そして竹の井ホテル。ここには３つのユニバーサルデザインの部屋がある。軽度の障害がある障害者や高齢者が使える部屋と、重度の障害者でも使える部屋がある。寝室にはリクライニングベッドがあり、和室も一段高くなっているところと床のフラットなところがある。内風呂も温泉、外の半露天風呂も温泉で、内風呂の温泉にはリフトが付いている。

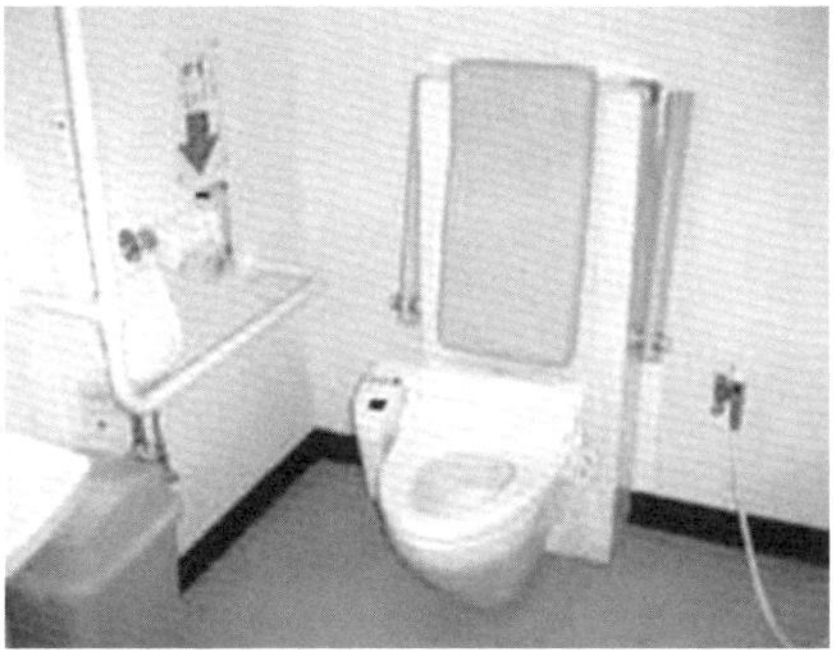
ヒットパレードクラブの多目的トイレ

ヒットパレードクラブの多目的トイレは、オストメイト用の設備（人工肛門の人が使うストマを洗浄するときに使う設備）を付けるスペースがなかったので、便器の上で洗えるようにホース型のノズルを付けた。

貸別荘こまくさは、半露天風呂と部屋への入り口をコーディネートした。自然あふれる庭にある半露天風呂は格別だ。それから、うちの安富がコーディネートしたとんぼの湯という温泉がある。この温泉も車いすの座面の高さに洗い場があって使いやすい。

貸別荘こまくさの半露天風呂

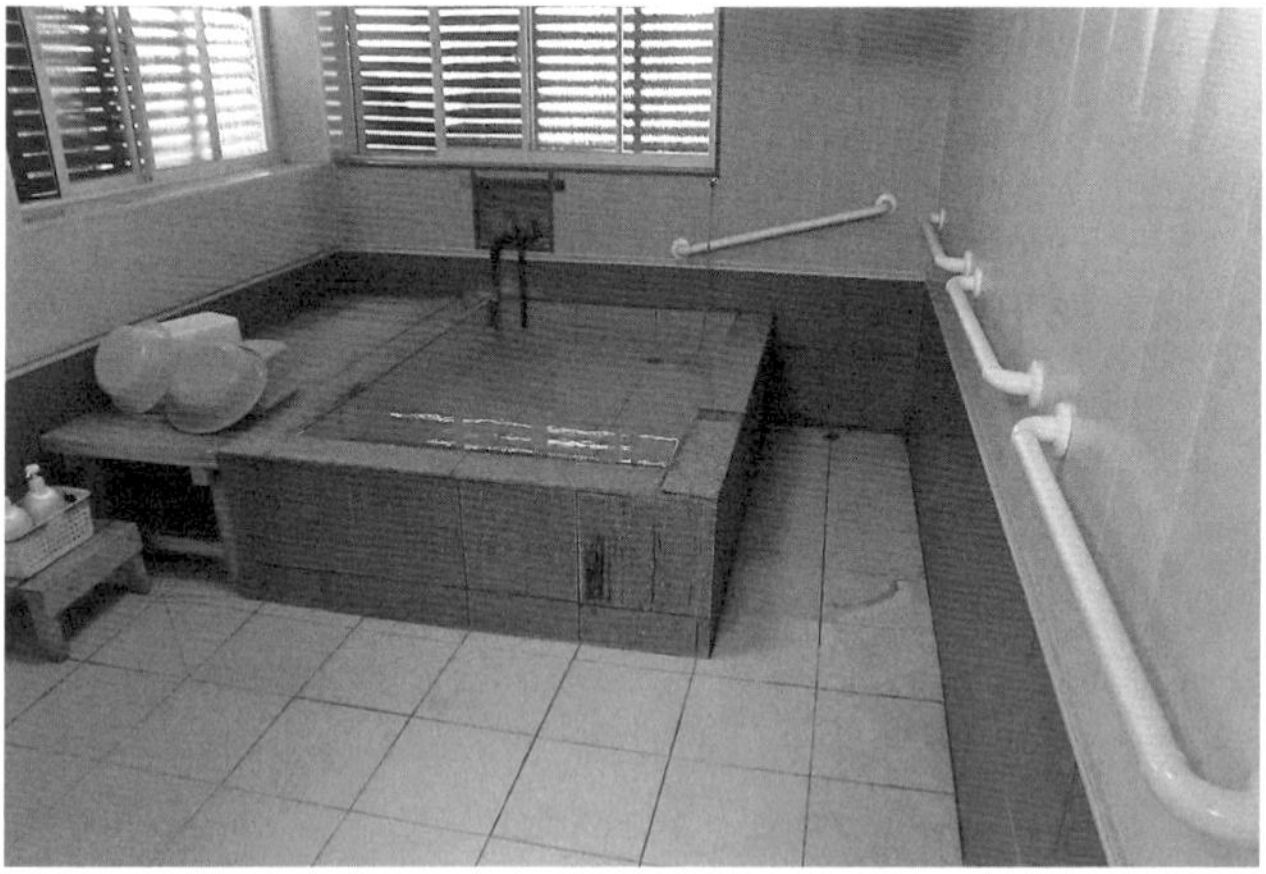

とんぼの湯家族風呂

別府八湯温泉道という、88箇所の温泉をスタンプラリー形式で巡り段位を取得できるという、温泉地ならではの企画がある。その中に車いす温泉道というのがあり、うちの安富がつくった企画だが、彼は初代の車いす温泉道名人である。しかし、車いすに対応した設備の温泉となると、数はとても少ない。介助を使って入ることも当然可能だが、新しく造る温泉はユニバーサルデザインで造ってほしい。階段が何段もある温泉は転倒などの危険性もあるわけだ。なるべく介助に手がかからない、それでいて機能的でデザイン性に優れた温泉、こういう温泉をどんどん増やしていきたいと思う。

介護制度は旅行でも使わせろ

今の介護制度は、24時間の介護制度が整っている市町村もあれば、そうでない市町村もある。これによって地域で生活することができたりできなかったり、自治体の財政が圧迫されたりする。なぜ、こんな制度にしてしまったのだろうか。本来、憲法でいう平等の考え方から言えば、どこの地域に住んだとしても同じサービスが受けられるべきではないか。下手をすれば、福祉サービスが整ったところに障害者が集中し、それを防ぐためにサービスを低下させるような自治体も出てきそうだ。

それに家庭や外出で使う分にはいいのだが、旅行先での介助は基本的に認められていない。自治体によっては移動支援の中で、若干、認めているところもあるが、考えてみてほしい。例えば、自宅で使えて旅行先で使えないのであれば、当然そこには介助者に払う介護の費用が実費でかかってくるわけである。重度の障害者の場合、それを実費で払ってまで旅行に行くであろうか。そのことによって、旅行に行くのをやめるのであれば、せっかくお金を使おうとしていることを邪魔していることにはならないだろうか。例えば家にいれば、普通に介助を使う。その介助を旅行先で使うことができれば、行政の介助費用としては同じだ。しかし、大きな違いは、旅行先に行くときに使う交通費であったり宿泊費であったり、飲食であったり、そういう経済効果があることだ。旅行先で使えないと規制することによって、経済効果の足を引っ張っているとしか思えない。

もちろん旅行だけに限った話ではない。冠婚葬祭なども、皆さんに普通にあるように、障害者や高齢者にもある出来事なのだ。特に死にごとは大変だ。親の死に目に会えない障害者を何人も見てきている。盆正月の帰省も毎年のように相談がある事例のひとつだ。実家に帰って使える介護サービスがない、計画時点で組み込まれていない。実家での社会資源の不足が原因であることが多い。本来、介助というのは、どこにいても使えるべきである。それは、旅行であっても、実家に帰省する場合も、病院であっても。

病院で使えない介護制度

現状では、病院で介助制度を使うことはできない。一部、コミュニケーション支援事業として、言語障害のある方や、頸椎損傷で呼吸がしにくい方などが使える制度がある地域もあるが、基本的には介助制度を使うことができない。しかし現状はどうだろう。病院にはお年寄りを含め、介助が必要な人がたくさんいる。在宅では10時間や15時間の介助が必要な人が病院に入院したとして、看護師さんにそれだけの介助をする時間があるだろうか。日本は医療行政にしても極めて貧困な国なのだ。看護師はどこもてんてこ舞いの中、それでも時間をとって介助してくれるのか。ナースコールを押しても5分、10分と来ないこともある。俺が入院していたときも、隣の病室のお爺ちゃんは、認知症があるようで、一日中、

「看護師さん～お願いします～。助けてください～」

と、言い続けていた。四六時中、ナースコールでも呼ぶので、看護師さんも無視状態。だから、本当に苦しくて呼んだときは、間に合わないだろう。本来ならば、ナースコールを押したらすぐ来るのが当り前のことなのだろうが、忙しくて行けないという事情もあるのだろう。ただこれは大変な問題だと思う。呼吸困難となりナースコールを押して、5分後に来てみたら亡くなっていたなんてことは、起こり得る事故ではない

だろうか。在宅でも病院でも同じように介助が必要なわけだ。

　だから病院でも介助制度が利用できるようにするべきだと俺は思う。俺も何度も入院しているが、その度に不便な思いならまだしも、命の危険を感じたことが何度もある。家族や兄弟が近くにいる人はいいが、家族がいない人もいるだろう。今の制度のままでは必ず事故が起きる。いやもう起きていても、それはうやむやにされているのかも知れない。病院での介助は認めないという制度をつくった人も、一度、病院での入院状況を見てみるといい。どれだけ看護師さんが忙しく動き回り、ナースコールを押しても来られる状態にはないか。そして、そのことによって重度の障害者がどれだけ辛く怖い思いをしているか。病院は完全看護だからヘルパーを配置する必要はない。これは現場を知らない人の意見だ。もっと看護師側からも、重度の障害のある高齢者や障害者には介助がつけられるように行政に働きかけるべきだ。事故が起きてからでは遅い。

俺の哲学

閑話休題とでも言おうか。ちょっと息抜き程度に読んでほしい。皆は自分が落ち込んだときに、どうしているのだろうか。信じてもらえないかも知れないが、俺もこれまでいろんなことで落ち込んできた。しかしそのときにもうひとりの俺が右45度上空から俺を見ている。そして頑張っている俺に対して、

「米倉、お前しかできないんだ。この壁を乗り越えるのは、この逆境から立ち上がるのはお前しかいないんだ。お前だからできるんだ」

と、松岡修造的に応援し続ける。これを俺は分身の術と呼んできた。つまり自分が落ち込んでいるとき、自分で励ます。そして、有名人や偉人の名言を見てはつぶやく。よくフェイスブックなどで他人の名言を引用するが、これはなにも周りの人に言って

いる言葉ではなく、自分に言い聞かせているものだ。そうやって自己暗示をかける。自分にはできるのだ、と。俺は自分を騙すのがうまい。自己暗示をかけるのがうまい。だからやりたいと思うことはできるまでやり続けることができているのだと思う。

永ちゃん（矢沢永吉）との出会い

閑話休題をもうひとつ。中学のときに、矢沢永吉の『成りあがり』という本を読んだ。うちは決して、飯が食えないほど貧乏ではなかった。親父も大企業の設計技師をしていて、お袋も着物の先生や着物の販売などをしていた。ただ両親とも若い頃は貧乏をしていたらしい。うちの家は食べるものだけは美味しいものを食べようという家庭であった。洋服やブランド物には興味はなかった。ただ俺は、宮崎の伯父たちの生活を見ていて、やっぱりいい車に乗りたい、いい家に住みたい。それを叶えるには社長になるしかないと思っていた。つまり矢沢永吉の言うところのビックになるということだ。

中学生で『成りあがり』を読んでから、大いに感化され、その意識はさらに強くなった。永ちゃんのように、ベンツの赤のスポーツカーに乗り、プール付きの家に住む。いつかそうなってやる。ビックになるんだ。グレートになるんだ。そう思って生きてきた。しかし、ある程度食えるようになってくると、ビックになることが夢ではなくなった。もっと叶えたい夢がたくさん出てきた。それは自分が高級外車に乗るよりも、いい家に住むよりも、車いすになった自分が、不自由なく世の中を生きていくために、どういう世の中をつくればいいか、それが自分の夢へと変わった。それは重度の障害者でもできる仕事をつくること、住宅を造ること、店を造ること、ホテルを造ること。食べて行くだけであれば、そんなに収入は必要ではない。

今までにいろんな人との出会いがあった。それは単なる飲み友達であったり、仕事関係、職場のスタッフだったり。ただやはり一番強い絆で結ばれているのは中学高校時代の友達だ。一緒にいた期間はそれほど長くないと思うが、なぜこうも違うのだろう。友達が離れていくひとつの要素として、妬みというのがあるようだ。俺自身は人を妬んだことはない。妬む暇があれば、自分でそいつに負けないように努力する。しかし俺もなんとか飯を食えるようになって、名前も新聞に出たりするようになると、陰口を叩く連中が出てくる。最初のうちはいちいち頭に来たが、これもしょうがないことなのかも知れないと思えるようになった。だからここで皆に伝えたい。妬む暇があったら、自分が努力して、自分が思い描く目標を掴めばいいんだ。こう言うと負け惜しみに聞こえるかも知れないが、俺は金持ちの家に生まれなかったことを幸せだと思う。なぜなら、自分で金持ちになる努力ができるからだ。

矢沢永吉も若い頃に言っていた。金が欲しいと言ってなにが悪い。そうだ欲しければ欲しいと言えばいい。金が欲しいというのが汚いとかキレイだとか、案外とお金って生きていく上においてはそんなに必要ではないのかも知れない。でも本当の夢ができるまでは、それも手段としてあっていいと思う。官僚になりたい国会議員になりたい、大企業の社長になりたい、芸能人になりたい。皆、異性にもてたかったり、お金が欲しかったりする。それも目標や手段として持っていていいと思う。そしてその目標をある程度達成したときに、本当にやりたい夢というものが見えてくるのだろう。

ホリエモンがこんなことを言っていた。ホリエモンの夢は宇宙ビジネスだった。ただ宇宙ビジネスですぐに稼ぐのは難しいと思った。それでＩＴを使って金を稼ぐことを考えた。ホリエモンにとって、たぶん一番稼ぎやすい方法だったのだろう。しかし今、彼は宇宙ビジネスに本気で取り組んでいるという。今はそれだけの資金が集まったからできることなのだろう。やり方はいろいろあっていいと思う。初めから自分の夢に向かってコツコツと積み上げて行く方法もそうだろう。またはそのために違う仕事をし、資金をためて夢にチャレンジする方法もいいだろう。言えることは、諦めずにチャレンジし続けることかも知れない。

ユニバーサルスペース夢喰《むく》夢叶《むく》からの予想図

さて、話を本題に戻そう。ユニバーサルスペース夢喰夢叶（http://www.jp999.com/999/）のことについて話しておきたい。初めは社員の福祉厚生のために始めたものだ。自立支援センターおおいたは、７人の重度障害者、車いすに乗った障害者を雇用している。飲んだり食べたりするのが好きなスタッフが多く、俺も一緒に行くのだが、トイレがある飲食店がなかった。そこでトイレが使えて、気持ちよく飲み食いができる店を造りたかった。そして、他の飲食店に「こういう店づくりをするとお客さんが来てくれる」というモデルづくりをしたかった。最初に造ったのは、以前、自立生活センターおおいたの事務所として使っていた、竹瓦温泉の近く、竹瓦小路の中に20人くらいが入る店だった。そして、それから商店街の広い場所に移転した。新し

ユニバーサルスペース夢来夢叶の店の様子

い店舗は40人ほど入る。ここに昼間は、からあげ屋の夢現鶏《むげんどり》、福祉無料相談所、別府大分バリアフリー情報センター、食い倒れ飲んだくれ情報センター、そして夜はユニバーサルスペース夢喰夢叶として、付加価値を付けられるだけ付けて運営している。竹瓦小路にあったときには狭くて、なかなか障害者の団体が使ってくれることは少なかったが、新しい店舗は太陽の家の中にある企業も多く使ってくれるようになった。

前にも話したが、飲食店のオーナーは例えば、バリアフリーな車いす対応のトイレを造った場合に、何人の車いすが来てくれるか考えるのだが、車いすを使う障害者、高齢者もひとりで来店するとは限らない。当然、家族や親族、友達と来ることもあるだろう。そしてそこで、障害者と健常者が出会うことによって交流が生まれる。先日も福岡で飲食関係のプロデュースをしている人たちとユニバーサルスペース夢喰夢叶で飲んだのだが、そのときの感想もすごかった。

「障害者と飲むのも初めてだったし、こういうスペースがあるというのも初めてだった。ぜひ、福岡でもこういう店を造りたい、広げたい」

と、言ってくれた。これからの超高齢化社会にはユニバーサルデザインは必須である。大手のカラオケチェーンシダックスでは全店舗がユニバーサルデザインで車いす対応トイレが備えてある。これも先見の明だと思う。造るときはトイレの広さを広くすることでもったいないと感じるかも知れないが、いずれ間違いのない先行投資と分かる日が来るだろう。

別府・大分バリアフリー情報センター

バリアフリーやユニバーサルデザインのホテルや店舗など、バリアフリー観光を推進していけば、観光客は増加するというのが、俺の昔からの持論である。そんな中、日本バリアフリー観光推進機構（http://barifuri.jp/portal/page/jbfspo.html）の推進しているパーソナルバリアフリーの考えに共感し、別府・大分バリアフリー観光センター（http://barifuri-oita.com/）をつくることを決めた。パーソナルバリアフリー基準とは、行けるところに行くのではなく、旅行者が行きたいところ、楽しみたいことを実現するために、旅行者一人ひとりの状況に合わせて情報提供や旅行アドバイスを行う相談システムだ。パーソナルバリアフリー基準では、障害者の数だけバリアの数はある、という考えにもとづき、「段差あり、なし」などといった画一的な基準ではなく、その施設の「バリア」をすべて詳しく調べあげ、ありのまま紹介するのが特徴だ。

また、施設調査には障害を持つ当事者たちにも参加してもらい、当事者が実際に体験した信頼できる情報を集めている。バーソナルバリアフリー基準の情報を発信したり、旅行会社との提携でバリアフリーのパック旅行やパーソナル旅行を提供したり、介助派遣を提供したりする。

電動車いす

愛車のことも話しておこう。愛車と言っても車のことではない。もちろん車も特別仕様のトヨタのハイエースはあるが、ここでの話は俺の車いすのことだ。俺の電動車いすの価格は２００万円を超えている。リクライニング機能、チルト機能、座席の上下などが付いている外国製の電動車いすだ。すべてのコントロールが手元のパネルやジョイスティックでできるようになっている。障害に加齢が加わり残存機能が徐々に奪われて行くと、一般の車いすでは具合が悪くなる。身体を無理に合わせようとすると、必ずどこかが悲鳴をあげ取り返しのつかない状況におちいってしまう。最初は一般の車いすで対応できていたが、電動アシストが付いた車いすになり、電動車いすへと変わって行った。手と動力で漕いでいた状態から、すべてを動力にしてしまうわけだ。

使わない手の筋力低下も著しいが、そのことよりも電動車いすの速さがすごい。行動範囲が格段と広がる。少々の距離であれば、タクシーやバスを使う人も電動車いすで自走できる。別府という町は坂も多く、車いすで生活するのは結構大変だったりする。

日本人は一般的に電動車いすに乗ることは恥ずかしいと思っている人が多い。ところが、アメリカなどの外国ではどうだろう。例えば、杖で歩けるような人、両手がバリバリ使えて、車いすマラソンに出るような人でも電動車いすを使ったりする。それは電動車いすの方が疲れずに移動できるからだ。そして、身体を鍛えるとき、スポーツをするときは普通の車いすに乗る。これがすごく合理的だと思う。健常者でもそうではないだろうか。例えば、歩いて行くことができるとしたら、そこにもっと楽に移動できる自転車を使い、坂道でも楽に登れる電動アシストの自転車を使ったりする。障害者も手動車いすだけでなく、電動車いすで楽に移動する方法があってもいいと思う。ただ、電動車いすはとても高価だ。例えば日本製の一般の車いすでも40~50万円はする。ではなぜ、外国でそういう電動車いすを使うことができるか。それは行政による補助があるからだ。

外国、アメリカやヨーロッパの考え方は、とても理に適っている。例えば、車の改造にしても、日本であれば、手動装置と言って、手だけで運転できる車に改造するのに10数万円の助成しかない。ところがアメリカなどは、例えば、２００万円の車にジョイスティックで運転できるように、電動車いすが乗れる電動スロープを付ける。ジョイスティックで運転できる車の改造には８００万かかる。この１０００万円を助成してくれる。

一般的に考えれば、そんなに税金を使ってもったいないと思うかも知れないが、公共のバスを考えてみてほしい。新しくバスを造るときには、ユニバーサルデザインにしなさいと言われ、低床式やワンステップバス、昇降機のついたリフトバスなどを造っている。しかし、道路の改造ができていないから、運転手が配置できないと言って、いまだに使っていない車両が何台もある。その予算に毎年数千万円、たぶん全国でいえば何十億と使われずに眠っているに違いない。そして実際は路線の時刻表にも載らず、リフトを使っていない車も相当あると聞く。そうであれば個人に助成して自分でできるようにした方がとてもいい制度になると思う。

からあげ夢現鶏《むげんどり》

久しぶりに会った友人と電話で話していたら、実は美味しいからあげのタレをつくったから、食べてみてという。そのときは、まあ、40年もからあげを食べてきて、そんなにからあげごときで騒ぐのもどうかと思っていたが、からあげは好きな食べ物ではあったので、重い腰を上げて、からあげよりも友人に会うことを楽しむつもりで実際に会ってみた。

ところが、勧められるままに食べてみるとどうだろう。一口食べて、今まで食べたどのからあげとも違うと感じた。なにか後を引く感じ。これは旨い。そう思った。そこで早速、夢喰夢叶で、そのからあげをつくって出すことにした。ちょうどその頃、からあげは空前のブームでもあった。自立支援センターおおいたも、福祉だけではいずれビジネスの限界がくると思っていた。そこでからあげの店をつくり、その店長を障害者がするというのも面白いと思った。要は、的確に健常者に仕事を振れれば、障害者が店長であってもできると思ったからだ。それはユニバーサルスペース夢喰夢叶も同じこと。肉体労働はできないが、頭脳労働は車いすでもできるはず。なので、車いすだろうがなんだろうが、采配が振れるかどうかにかかっているのだ。そして将来的には、知的障害者の人にからあげの仕込みをしてもらう店舗づくりの展望も抱いている。

ただ、なかなか飲食業というのは難しい。夢喰夢叶も軌道に乗せるのに時間がかかった。こうして立ち上げたからあげ屋、別府からあげ夢現鶏《むげんどり》（http://www.p999.com/7777/）もそうだ。立ち上げるまではいいが、軌道に乗せられるかは、それに係わる人間がどれだけ本気で取り組むかにかかっている。味は間違いない。あとは売る方法を考えるだけだ。

ベッドで仕事

最近、褥瘡《じょくそう》が悪化したため手術をし、3か月程入院をした。退院してからも当然、座るのが大変になり、ベッド上でパソコンを使っての仕事が多くなった。キーボードを打って文字を入力するのは、手にペンを持って一本ずつ打つので時間はかかるが、少しくらいの文章なら打てる。あとは音声入力装置などもあるので、それを使って音声入力もできるようにしている。仮にもっと残存機能が低下したとしても、今のテクノロジーを駆使すれば、どういう状態であってもパソコンを操ることはできるだろう。ホーキング博士は、まばたきで入力する。つまりどういう状態になっても、仕事をしようと思えばできないことはないわけだ。特に社長業であれば、ビジネスのアイデアを考え、それをできる能力のある人に振り分けて仕事をしてもらうことができれば、会社というのは存続していける。健常者にしかできないことは健常者がすればいいし、障害者だからこそできることは障害者がすればいい。要は自分の残存機能で障害者であることの特性を活かして、いかに仕事につなげていくか、これが重要だと思う。

おわりに

神童と言われた子供の頃から、荒くれた学生時代、汗と涙の自衛隊、そして厳し過ぎた青年隊から、土木現場の現場監督の話。そして事故。普通であれば人生のどん底で苦しみ喘ぐような悲劇の件を期待されたかも知れないが、残念ながら、人生を諦めるような気になったことはただの一度もない。

事故の後からの入院転院、リハビリ生活を読んでいただいても分かるように、極めて楽天的に前向きにどこまでも上昇志向なのだ。気がつくと社長になり、次の夢を追っていた。店舗のユニバーサル化、ホテルや温泉のユニバーサル化、そして地域のユニバーサル化……。とにかく手当たり次第にユニバーサルデザインというものさしで測り、変えてゆくことをライフワークとしてきた。これからも社会のユニバーサル化に邁進するつもりでいる。

この物語の中にひとつだけ書かなかったことがある。それはある女性の事故のことだ。気持ちの中では書きたくて仕方ないのだが、そのことを書くと傷つく人がいるからだ。だからこの話は俺があの世へ行ったとき、彼女としっかり向き合って語り尽くしたいと思う。

こうして生まれて初めて長い長い文章を書いてみた。7万字くらいだろうか。読み返すのも一苦労だ。何度、読み返してみても切りがない程、語り尽くせていない。でも、もうこのくらいで終わりにしよう。ここまでの人生の締めくくりとしよう。これまで、俺を陰に陽に支えてくれた皆さんに、この場を借りて深く感謝の意を表したい。本当にありがとう。

最後に、若い人に伝えたいことがある。人はどういう状況になっても死の選択を自らしない限り生きていけるということだ。その生きる方法を必死に探してほしい。いじめにあったから。障害者になったから。そんなことで自分で自分の命を絶つようなことはしてほしくない。そして、怖ければ逃げればいい。いじめられて耐えられなければ、親を頼る、先生を頼る、警察を頼る、友達を頼る。決してそれは恥ずかしいことではない。そして、生きていれば必ずいいことが巡ってくる。最後に、俺の好きな格言をいくつか書いておこう。良かったら参考にしてほしい。

【余 録】

俺の格言集

「最大の幸福、最高の力は、現実を受け入れることである」

「生まれただけでグレート。数千億のレースの勝者なのだから」

「生きてるだけで丸儲け。生まれない以上の不幸は無い」

「成りあがれ！
若い時は金が欲しいでいい
でもいつか金じゃなく
夢が欲しかったことに気付く」

「人生は長さではない、どれだけ一生懸命に活き抜いたかである」

「プライドの為に、プライドを捨てる」

「自分を好きになれなくて、誰を好きになれるというのか」

「ひとりの夢は儚い。でも、みんなで一緒に見る夢なら叶う」

「他人の悪口を言う人が、最も恐れているのは、自分の悪口だ」

「コントロールできないことに、
不満を言ったり悩むのではなく、
自分ができることに集中する。
変えられるのは、自分自身だけだから」

「人生は成りたい自分を演じることから始める
演じてることがやがて自分の人生になる
だからどんな人生も自分で創れる」

「生まれた時はみんな白（幸）、
色んなことで黒（苦）を置くが、
白を置いたら全てが白になる
人生オセロゲーム」

「夢現鶏を夢を念じて喰らえば、
夢は現実に成り候」

■Special thanks
株式会社ライフサポートべっぷ　事務長 薄田一

株式会社都留紙器工業所　代表取締役社長 都留慎治
http://www.p-tsuru.com/

イラスト工房　美遊　吉崎ゆみ

自立生活センター ぐっどらいふ大分　代表 丸子博司
http://www1a.biglobe.ne.jp/goodlife_ooita/

悪友　矢沢ファン

悪友　深見眞人

べっぷ野上本館
http://www008.upp.so-net.ne.jp/yuke-c/

ゆわいの宿 竹の井ホテル
http://www.takenoi.jp/

ヒットパレードクラブ
http://hpc.live-memories.com/

貸別荘こまくさ
http://www.b-komakusa.com/

とんぼの湯
http://www.barifuri-oita.com/?p=341

■関連サイト
ＮＰＯ法人　自立支援センターおおいた
http://www.jp999.com/333/

ユニバーサルスペース夢喰夢叶
http://www.jp999.com/999/

別府・大分バリアフリー観光センター
http://barifuri-oita.com/

別府からあげ夢現鶏
http://www.jp999.com/777/

【著　者】
米倉　仁（よねくら ひとし）

有限会社ヘルプメイトグループ　代表取締役社長
ＮＰＯ法人自立支援センターおおいた　会長

１９６１年福岡市生まれ。博多工業高校を卒業後、自衛隊に入隊。宮崎県産業開発青年隊に入隊ののち、あさひ産業株式会社へ入社。

２３歳のときに事故で頸椎損傷し、車いすに。

１９９１年3月２８日、有限会社ヘルプメイトグループを立ち上げ、介護用品の販売、イベント企画などを行う。

２００２年1月２１日、ＮＰＯ法人自立支援センターおおいたの理事長に就任し（現会長）、障害者の自立支援、バリアフリー・ユニバーサルデザインコンサル、別府・大分バリアフリー観光センター、ユニバーサルスペース夢喰夢叶と夢現鶏の飲食店運営などを手がける。


世界一のユニバーサルデザイン社会を実現するために活動中。現在は、小説の執筆と一組限定ユニバーサルデザイン温泉宿を作っている。

車《くるま》いすの暴《あば》れん坊《ぼう》

平成 28 年 5 月 1 日発行

著　者　米倉　　仁
発行者　田村　志朗
発行所　㈱梓書院
〒 812-0044 福岡市博多区千代 3-2-1
tel 092-643-7075　fax 092-643-7095

印刷・製本 / 大同印刷㈱

ISBN 978-4-87035-573-6